Standort Deutschland in der Bewährungsprobe

Stefan Immerfall/Peter Franz

Standort Deutschland in der Bewährungsprobe

Seine Stärken und Schwächen im weltweiten Strukturwandel

Leske + Budrich, Opladen 1998

ISBN 978-3-8100-1992-9 ISBN 978-3-322-97401-3 (eBook)
DOI 10.1007/978-3-322-97401-3

Inhalt

1.	**Einleitung: Ein Modell kommt in die Jahre**	7
1.1	Wirtschaftswunderland abgebrannt	7
1.2	Grundlegende Herausforderungen	9
1.3	Standortdenken – ein Ausdruck des Zeitgeists	12
2.	**Besonderheiten des „Modell Deutschland"**	15
2.1	Modell Deutschland – einige Grundzüge	16
2.2	Modell Deutschland – auf der Anklagebank	21
2.3	Modell Deutschland mit eingebautem Reformstau	24
3.	**Die vierfache Herausforderung**	29
3.1	Die deutsche Vereinigung	29
3.1.1	Die deutsche Vereinigung als Konjukturspritze und Wachstumsmotor für die westdeutsche Wirtschaft	31
3.1.2	Das Potential der neuen Länder für Unternehmensstandorte	33
3.1.3	Institutionelle Regelungen in der Bewährungskatastrophe	39
3.1.4	Zum Stand der Angleichung	44
3.1.5	Schlußfolgerungen	47
3.2	Der Umbruch in Osteuropa	50
3.2.1	Übereinstimmungen und Unterschiede imVergleich zur Transformation Ostdeutschlands	51
3.2.2	Die Einbindung in die internationale Arbeitsteilung – Auf klippenreichem Integrationspfad	54
3.2.3	Osteuropa als Standortkonkurrenz für Deutschland	59

3.2.4 Osteuropa alsChance für die deutsche Wirtschaft 64
3.2.5 Zusammenfassung und Resümee: Mittelfristige Risiken der bisher entwickelten Arbeitsteilung 66
3.3 Die europäische Integration 68
3.3.1 Das Binnenmarktprogramm und die Zukunft des europäischen Kapitalismus 69
3.3.2 Was bringt, was nimmt der Euro dem Standort Deutschland? 73
3.3.3 Die wirtschaftspolitische Zukunft der EU gestalten 77
3.4 Strukturwandel und Globalisierung 81
3.4.1 Strukturwandel als Daueraufgabe 82
3.4.2 Dimensionen des Globalisierungsprozesses 85
3.4.2.1 Täter/Opfer, Gewinner/Verlierer der Globalisierung 87
3.4.2.2 Globalisierung des Handels 88
3.4.2.3 Globalisierung der Produktion 90
3.4.2.4 Globalisierung der Innovation 94
3.4.2.5 Globalisierung und das Soziale an der Marktwirtschaft 97
3.4.3 Resümee 100

4. Deutschlands Wirtschafts- und Sozialverfassung: Wie kann die Zukunft gemeistert werden? 103
4.1 Eine Bilanz von Stärken und Schwächen 104
4.2 Beispiele fürReformbedarf 106
4.3 Reformen – zu spät, zu wenig? 111

Literaturverzeichnis 119

Materialien 127

1. Ein Modell kommt in die Jahre

1.1 Wirtschaftswunderland abgebrannt

Mehr als zwei Jahrzehnte wurde Deutschlands soziale Marktwirtschaft von seinen Nachbarn bewundert, mitunter auch gefürchtet. Bis weit in die 80er Jahre hinein war sein „Misery-Index“, der Arbeitslosen- und Inflationszahlen aufsummiert und so einen einfachen Maßstab für eine *unerwünschte* Wirtschaftsentwicklung abgibt, stets unter den niedrigsten in der industrialisierten Welt zu finden. Auf der politisch rechten Seite fand das „Modell Deutschland“ Anklang, weil es hohe Produktivität und finanzielle Solidität miteinander verband. Die Linke sah hingegen auf den sozial verpflichtenden Charakter des Eigentums, auf die Kombination von Wirtschaftswachstum und sozialen Ausgleich. Kein Wunder, daß zu verschiedenen Zeiten verschiedene Wirtschaftspolitiker das Modell Deutschland als Vorbild betrachteten.

Diese Zeiten sind vorbei. Verwundert blicken die ausländischen Beobachter auf das Wirtschaftswunderland von einst: „Ist das deutsche Modell zerbrochen“ (Economist, 4. Mai 1996), die deutsche Wirtschaft „herzkrank“ (Newsweek, 18. März 1996)? Auch innerhalb Deutschlands nehmen Unsicherheit und Angst zu. Beklommen fragen sich viele, ob wir uns die Sozialleistungen noch leisten können. Müssen wir Lohnstruktur und Sozialsystem nicht stärker an das führender Konkurrenten, maßgeblich der USA anpassen? Ist nicht ein radikaler Schnitt erforderlich? Wie stehen wir im internationalen Vergleich da? Bundespräsident Roman Herzog forderte Anfang 1997 einen „Ruck“, der durch das Land gehen müsse, um den Teufelskreis von Resignation, Reformblockaden und wirtschaftlichem Stillstand zu zerbrechen. Das Land stehe vor der größten Herausforderung der letzten 50 Jahre.

Dabei steht der Wirtschaftsstandort Deutschland nicht zum erstenmal zur Debatte (zusammenfassend Smyser 1993: Kapitel 5). Manche sehen denn auch in der gegenwärtigen Debatte nur eine Überreaktion auf stagnierendes Wachstum und politisch verschuldete Deckungslücken in den öffentlichen Haushalten. Die Standortdebatte wird als „Standortlüge" (Ehrenberg 1997) und „geschickt inszeniertes Katastrophenszenario" (Wortmann/Dörrenbächer 1997: 40) abgetan, als Propagandatrick der Wirtschaftsverbände, um den Sozialabbau voranzutreiben. Diese Position kann sich auf boomende Exporte, auf sinkende Lohnstückkosten und auf Produktivitätssteigerungen berufen, die die hohen Löhne und Sozialleistungen rechtfertigten.

Die andere Extremposition hingegen fordert den Abschied vom „Modell Deutschland". Nur eine völlige Deregulierung der industriellen Beziehungen nach britischem und amerikanischem Vorbild könne der deutschen Wirtschaft helfen, verlorenen Boden gutzumachen. Diese Position wiederum kann sich auf die absolute Lohnhöhe, auf extrem hohe Lohnnebenkosten, hohe Umweltschutzabgaben und auf vergleichsweise geringe und starre Arbeitszeiten bei generösen Freizeitregelungen berufen (Materialien 1). In all diesen Bereichen sind die Deutschen die „*Weltmeisters*" (Insight on the News, Oktober 1995).

Berechtigte Sorgen nicht nur um den eigenen Arbeitsplatz, sondern um das soziale und wirtschaftliche Gefüge überhaupt, sind also zur Genüge vorhanden. Leider aber nicht immer die zu einem abgewogenen Urteil nötige Informationsbasis. Das ist leicht erklärlich. Zum einen gibt es die öffentlichkeitswirksamen Stellungnahmen von Parteien, Gewerkschaften und Verbänden und anderen Interessengruppen, bei denen – so wichtig sie sind – eine interessensmotiviert verkürzte Darstellung nicht immer ausgeschlossen werden kann. Zum anderen gibt es die wissenschaftsinterne Fachdiskussion, die aber häufig auf einem Abstraktionsniveau geführt wird, das einer breiteren Öffentlichkeit kaum zugänglich ist.

Hier versucht dieses Bändchen erste Abhilfe zu schaffen. Natürlich haben auch wir unsere Meinungen und (Vor-)Urteile, die wir durchaus deutlich zum Ausdruck bringen werden. Es sei hier schon angedeutet, daß die beiden Autoren einer Reformperspektive verpflichtet sind. Unter der Bedingung einschneidender Reformen halten wir grundlegende Elemente des „Modell Deutschland" für sowohl bewahrenswert wie für überlebensfähig. Dennoch haben wir uns bemüht, auch den Einsichten der oben angedeuteten Extrempositionen in einer verständlichen Form gerecht zu werden. Vielleicht hilft in diesem Zusammenhang auch die Tatsache, daß die beiden Autoren einen unterschiedlichen Hintergrund aufweisen: theoriegeleitete sozialwissenschaftliche

Hochschulforschung einerseits, politikorientierte Wirtschaftsforschung andererseits.

1.2 Grundlegende Herausforderungen

Natürlich kann es hier nicht um eine allumfassende Darstellung gehen. Besonders wichtig war uns aber ein über die Betrachtung einzelner Entwicklungen und Kostengrößen hinausgehendes „Standortprofil". Deshalb haben wir unseren Abriß um die von uns als besonders wichtig erachteten Herausforderungen des Sozial- und Wirtschaftsstandorts Deutschland aufgebaut:

- auf welches „Modell" treffen diese Herausforderungen? (Kapitel 2)
- wie wirken sich diese Herausforderungen im einzelnen aus? (Kapitel 3)
- wie reagiert das „Modell" und wie sollte es reagieren? (Kapitel 4)

Um welche Herausforderungen handelt es sich dabei im einzelnen und warum stellen sie Gefährdungen für das „Modell Deutschland" dar? Was die heutige Situation von der Krisendiskussion zu Beginn der 80er Jahre fundamental unterscheidet, ist zunächst einmal die deutsche Vereinigung (Kapitel 3.1). Anfangs war – und sollte eigentlich noch immer sein – der Zusammenbruch des DDR-Systems Anlaß zu ungetrübter Freude. Schnell zeigte sich aber, daß der ostdeutsche Transformationsprozess mit seinen enormen Anpassungsleistungen und Anpassungslasten für die ostdeutsche Bevölkerung nicht ohne Folgen auch für den westlichen Teil und das gesamte Deutschland bleiben sollte. Das sozialwissenschaftliche Großexperiment der Vereinigung (Giesen/Leggewie 1991) mußte am lebendigen Objekt (und offenbar ohne Versuchsplan) durchgeführt werden. Die Übernahme der westlichen Spielart eines demokratisch-kapitalistischen Institutionensystems auf eine Gesellschaft, die über vierzig Jahre lang nicht kapitalistisch gewesen war, konnte nicht ohne erhebliche gesellschaftliche Verzweiflungen abgehen. Nur ein Teil der Kosten der Einheit läßt sich finanziell beziffern.

Die Vereinigung verursachte in den Jahren 1990 bis 1995 Kosten in Höhe von 986 Milliarden DM (Heilemann/Rappen 1996). Dieser Betrag macht fünf Prozent des deutschen Bruttosozialprodukts aus. Da die politisch bequeme Schuldenfinanzierung im Vordergrund stand, war die Belastung anfangs kaum zu spüren. Vieles wurde den Sozialversicherungsträgern aufgebürdet, anderes in diverse Sonderhaushalte abgeschoben: im Erblastentilgungsfonds türmen sich in diesem Zusammenhang DM 332 Milliarden, im Fonds „Deutsche Einheit“ 84 und beim ERP-Sondervermögen 34 Milliarden Schulden. Angesichts der enormen Haushaltsdefizite bei Bund, Ländern und Gemeinden waren und sind auf Dauer Erhöhungen der Sozialabgaben und Steuern sowie Kürzungen der Ausgaben nicht zu vermeiden.

Dieser Verschuldungsgrad schmälert heute den Spielraum der Wirtschafts- und Finanzpolitik. Gleichzeitig ist ein Ende der Transferzahlungen in die neuen Bundesländer in weiterhin erheblicher Höhe nicht abzusehen. Doch nicht nur die unmittelbaren Kosten sind zu beachten. Der kurzlebige Vereinigungsboom verhinderte auch, daß Reformen, die Ende der achtziger Jahre bereits diskutiert wurden, zügig angepackt wurden. Denn zunächst profitierten die westdeutsche Wirtschaft wie auch die europäischen Volkswirtschaften von der kreditfinanzierten Nachfrage aus Ostdeutschland.

Auch für den Umbruch in Osteuropa insgesamt gilt, daß sich die Beseitigung der sozialistischen Altlasten und die Strukturbrüche des Neuaufbaus nicht bloß auf die Transformationsländer in Mittel- und Osteuropa auswirken (Kapitel 3.2). Ein gesamteuropäischer Markt für Arbeit und Kapital, Güter und Dienstleistungen bildet sich heraus, doch ist dieser Markt von noch immer unterschiedlichen Gesellschaftsstrukturen und dramatischen Einkommensunterschieden gekennzeichnet. Innerhalb und zwischen den Ländern der Region deutet sich eine gegenläufige Entwicklung an: Tendenzen zur Peripherisierung stehen Gebiete mit guter Standortattraktivität gegenüber. Quasi vor der Haustür bieten sich den westlichen Unternehmen wohlfeile und häufig gut ausgebildete Arbeitnehmer an. So hat – das jüngste Beispiel – der Reifenhersteller Continental angekündigt, die Hälfte seiner Produktion nach Tschechien und Portugal zu verlagern – und das, obwohl die Belegschaft einer unbezahlten Arbeitszeitverlängerung zugestimmt hatte (Financial Times, 2. Juli 1997)!

Mit welchen Strategien wird diesen Gegensätzen begegnet? Nach dem Ende des Kalten Krieges, nach der deutschen Vereinigung und dem Umbruch in Osteuropa hat sich Deutschlands und Europas Rolle in der Welt definitiv verändert. Aus geographischen, historischen und wirtschaftlichen Gründen ist der Stellenwert der Bundesrepublik für die östlichen Transformationsländer beträchtlich. Es kann ihr nicht egal sein, ob die Konzeption der Sozialen Marktwirtschaft Impulse für die ordnungspolitische Ausgestaltung der ehemals sozialistischen Länder Mitteleuropas und Osteuropas geben kann (Klein/Paraskewopoulos/Winter 1994). Die Bundesrepublik muß sich entscheiden, ob sie der neuen Arbeitsteilung mit einer offensiven Standortpolitik, mit Marktöffnung und einer Einbindung bestimmter Länder in NATO und EU oder eher mit protektionistischen Maßnahmen begegnen soll. Letzteres kann keineswegs ausgeschlossen werden, da viele die Arbeitsplätze im Westen durch die Niedriglohnkonkurrenz aus Mittel- und Osteuropa bedroht sehen.

Eine Antwort der Europäischen Gemeinschaft war der Vertrag von Maastricht aus dem Jahre 1991, der eine Wirtschafts- und Währungsunion sowie engere Zusammenarbeit der Mitgliedsstaaten auf den Gebieten der Außen-, Rechts- und Sicherheitspolitik vorsieht. Im wirtschaftspolitischen Teil setzt er die Strategie fort, die mit dem Binnenmarktprogramm Mitte der 80er Jahre beschleunigt worden war. Dieses Programm sah – und wurde auch weitgehend erfolgreich eingelöst – die Beseitigung aller Hemmnisse für den Verkehr von Waren, Personen, Dienstleistungen und Kapital in der Gemeinschaft bis zum 31.12.1992 vor. Damit sollte die wirtschaftliche Wettbewerbsposition gegenüber den Hauptkonkurrenten USA und Japan, die einem stagnierenden Westeuropa davonzuziehen drohten, gestärkt werden.

Dabei gehen die Effekte des europäischen Binnenmarkts über wettbewerbspolitische weit hinaus (Kapitel 3.3). Zwar erscheint die Errichtung eines Sozialstaats auf europäischer Ebene als unwahrscheinlich; dazu unterscheiden sich die ordnungs- und wirtschaftspolitischen Vorstellungen der Mitgliedsländer und ihre wirtschaftliche Ausgangsbasis zu deutlich voneinander. Doch gerade Nichtentscheidungen auf europäischer Ebene haben unter den Bedingungen eines gemeinsamen Marktes Auswirkungen auf die sozialen Rechte, da ihre nationalstaatliche Basis schmäler wird. Den nationalen Regierungen ist zunehmend die Möglichkeit genommen, Beschäftigung im Alleingang zu schützen. Einmal gibt es direkte Vorgaben, die die Öffnung bislang geschützter Bereiche verlangen. Zum anderen übt der verschärfte Wettbewerb indirekten Druck auf überdurchschnittlich hohe Steuern und Sozialabgaben aus. Das wird sich noch zuspitzen, wenn es zur gemeinsamen Währung kommt.

Die sozialpolitische Handlungsfähigkeit des Nationalstaates steht nicht nur im veränderten europäischen Kontext auf dem Prüfstand. Sie findet überall dort seine Grenze, wo der Staat den Wünschen international ausgerichteter Investoren entgegenkommen muß. Diese Wünsche nehmen an Nachdruck zu, und sich ihnen zu verweigern, könnte Arbeitsplätze kosten. Denn immer mehr Produkte können in immer mehr Regionen mit höchst unterschiedlichen rechtlichen Regelungen, Sozialstandards und Lohnkosten produziert und Produktionsstätten immer schneller verlagert werden. Soziale Rechte können da allzu leicht als überflüssige Kostenfaktoren erscheinen.

Globalisierung ist hierfür das eingängige Schlagwort. Es bezeichnet die wachsende, weltweite Verflechtung der Wirtschaftsbeziehungen, die mehr Wahlmöglichkeiten und günstigere Preise für den Konsumenten, aber eben auch eine verschärfte Standortkonkurrenz einschließt (Kapitel 3.4). Auch hier wollen wir die Neuartigkeit der Herausforderung herausstellen: Globalisierung bedeutet für die Kernsektoren der deutschen Industrie nicht bloß eine Verschärfung des Strukturwandels, wie er aus den 60er und 70er Jahren bekannt ist. Neu ist auch nicht die durch die Transformation der mittel- und osteuropäischen Ökonomien eröffnete neue Runde der Preiskonkurrenz bei Standardprodukten. Ihr könnte sich die deutsche Wirtschaft durch eine „differenzierte Qualitätsproduktion“, das heißt, der Herstellung hochpreisiger, qualitativ hochwertiger und wissensintensiver Spezialprodukte, einigermaßen entziehen. Neu ist, daß eine solche „Nischenstrategie“ immer weniger genügt. Der vom Weltmarkt ausgehende Anpassungsdruck wird eben nicht nur durch Lohnkostendifferenzen verursacht.

1.3 Standortdenken – ein Ausdruck des Zeitgeists

Die deutsche Vereinigung, der Umbruch in Osteuropa, die europäische Integration mit ihrer Binnenmarktdynamik und der Globalisierungsdruck sind die neuesten und insofern die vier wichtigsten Herausforderungen. Natürlich sind weitere Krisenerscheinungen zu bewältigen, die wir an entsprechender Stelle zumindest andeuten wollen. Von sozialwissenschaftlicher Seite mehren sich ja seit längerem Stimmen, die die traditionellen Stärken des deutschen Produktionsmodells für nicht mehr zeitgemäß halten. Doch welche Alternativen können aus der Sackgasse führen? Muß das Modell ab- oder umgebaut werden? Zu dieser Diskussion wollen wir in Kapitel 4 etwas beitragen, wobei wir über die rein kostenorientierte Sichtweise hinaus auch Stärken und Schwächen der Sozialverfassung mit einbeziehen.

Ein Beitrag zum „Standort Deutschland" greift – ob er will oder nicht – eine Sichtweise auf, unter der ein Land, seine Bevölkerung und weitere Gegebenheiten als potentieller Ort für ökonomische Aktivitäten begutachtet werden. Im Umstand, daß diese Perspektive in den Medien, in Vorträgen und Diskussionen immer häufiger eingenommen wird, kommt das neue (und bisher recht erfolgreiche) Dominanzstreben des gesellschaftlichen Teilsystems Wirtschaft zum Ausdruck. Dessen Hauptakteure sind Unternehmen mit erweiterter Mobilitätsfähigkeit, die in zunehmendem Maße Standortvergleiche anstellen und diesbezüglich ihre eigenen Kriterien und Anforderungen entwickeln.

Der „Aufwind" für das Teilsystem Wirtschaft bleibt nicht folgenlos für andere gesellschaftliche Teilsysteme: Der Regelungs- und Ressourcenverteilmodus Markt dringt zunehmend in Teilbereiche der Politik, der Kultur und der Bildung ein und stellt dort bisher als „selbstverständlich" gehandhabte Regeln und Strukturen in Frage. Gleichzeitig erleben wir, wie bestimmte soziale Tatbestände und sogar alltägliche Verhaltensweisen zunehmend quantifiziert und in Geldäquivalenten gemessen werden, die wir bisher weit entfernt von jeglicher ökonomischen Relevanz hielten. Diese „Kommodifizierung des Alltags" hat mindestens zwei Seiten: Auf der einen werden überkommene Traditionen und Privilegien in Frage gestellt und erfordern neue Begründungen, um ihre Legitimität aufrecht zu erhalten. Auf der anderen Seite wird bei alltäglichen Leistungen und Austauschhandlungen häufiger die Gegenrechnung zwischen Kosten und Nutzen bei Gebern und Empfängern aufgemacht, womit erste Schritte hin zu einer „Monetarisierung" von Lebensbereichen getan werden, die bisher von anderen Prinzipien geleitet worden sind.

Selbst in der Soziologie ist das Menschenbild des „homo oeconomicus" auf dem Vormarsch, da er zur Analyse immer häufiger auftretender Situationen, in welchen Individuen sich für eine von mehreren Handlungsalternativen zu entscheiden haben, besser geeignet zu sein scheint als der „homo sociologicus", der zuerst nach handlungsbestimmenden Normen und Strukturen (teilweise vergeblich) Ausschau hält.

Dieses Buch reagiert also letztlich auch auf einen Entwicklungstrend, versucht aber, diese Perspektivverschiebung im Bewußtsein zu halten und dazu beizutragen, die Gründe für diesen Trend zu analysieren. Aus soziologischer Sicht bedarf auch die Ökonomie eines normativen und regulativen Grundgerüsts, und selbst noch so „deregulierte" Märkte benötigen Regeln, um funktionieren zu können (Streeck 1996b: 8). Ob und wie sich solche neuen Regeln einstellen, und welchen veränderten Konstellationen die Nationalstaaten – vor allem Deutschland – Rechnung zu tragen haben, gehört auch (mit) zu den zentralen Fragestellungen dieses Buches.

2. Besonderheiten des „Modell Deutschland“

„Modell Deutschland“ heißt zunächst einmal Soziale Marktwirtschaft. Im folgenden geht es dabei nicht um ihre geistigen Grundlagen und abstrakten Steuerungsprinzipien als vielmehr um die Grundzüge eines erprobten Wirtschaftssystems, das sich im Lauf mehrerer Jahrzehnte keineswegs geradlinig und nicht ohne innere Widersprüche herausgebildet hat. Wie funktioniert dieses Wirtschaftssystem? Funktioniert es anders als die Marktwirtschaften fortgeschrittener Industriegesellschaften? Und schließlich: Funktioniert es heute nicht mehr?

„Modell Deutschland“ wird hier gegenüber dem Begriff der Sozialen Marktwirtschaft bevorzugt. Soziale Marktwirtschaft stellt auf eine Ordnungstheorie ab, wie sie vor allem der Ordoliberalismus formuliert hat; hier aber kommt es auf die konkrete Ausgestaltung an (zu dieser Unterscheidung vgl. Radke 1994). Der Modellbegriff soll den inneren Zusammenhang eines bestimmten Wirtschaftssystems deutlich machen. Die Wirtschaftssoziologie spricht hier von einem „sozialen System der Produktion“ (Hollingsworth 1988). Dieses umfaßt die industriellen Beziehungen einer Gesellschaft, die Ausbildungsordnung, die Art der Beziehung zwischen Firmen, Abnehmern und Zulieferern, die Gestaltung des Kapitalmarkts oder das Verhältnis von Wirtschaft, Staat und Gesellschaft.

Ein solches Gefüge bildet sich pfadabhängig, zwar nicht unbedingt planlos, doch ohne vorgefaßten Meisterplan heraus. Pfadabhängig heißt, daß einmal eingeschlagene Bahnen nur schwer verlassen werden können, weil sich Regelungsstrukturen institutionell verfestigen. Dabei kann es sich um formelle wie um informelle Regelungsstrukturen handeln; beide setzen Rahmenbedingungen für die Entscheidungen der Marktteilnehmer.

Der besondere Charakter eines Wirtschaftssystems erschließt sich im Vergleich. Dies ist unabhängig davon, ob das Modell anderen als Beispiel dienen kann oder soll; der Modellbegriff soll hier keineswegs Überlegenheit oder gar Vorbildcharakter suggerieren. Die Zeiten, da sich deutsche Politiker mit „ihren" Erfolgen auf internationalen Zusammenkünften brüsten, sind ohnehin vorbei. Heute ist es umgekehrt so, daß andere „Modelle" – allen voran das amerikanische – Deutschland anempfohlen werden. Daher muß auch danach gefragt werden, ob einzelne Elemente vom „Modell Deutschland" übertragbar bzw. auswechselbar sind, ohne den inneren Zusammenhang zu gefährden.

2.1 Modell Deutschland – einige Grundzüge

Das deutsche Modell der sozialen Marktwirtschaft läßt sich zusammenfassend kurz als „meso-korporative Marktwirtschaft" bezeichnen[1] (Abbildung 1). „Korporatismus" meint ganz allgemein eine enge Zusammenarbeit von Interessengruppen untereinander und mit dem Staat, die auf eine Konsolidierung und Institutionalisierung sozialer Interessen in ein strukturiertes System der Interessenvertretung hinausläuft. Konflikte werden eher in diesen tendenziell formalen Beziehungen zwischen Arbeitgeberverbänden, Gewerkschaften und Staat zu lösen versucht als unkontrolliert auf dem Markt ausgetragen. Solche Verhandlungssysteme wurden in der Bundesrepublik, im Gegensatz etwa zu Schweden oder Österreich und mit einer gewissen Ausnahme während der „konzertierten Aktion" zu Beginn der 70er Jahre, nie zentral vereinheitlicht. „Meso" weist darauf hin, daß wichtige Entscheidungen überwiegend auf einer „mittleren", regional und sektoral abgestuften Ebene fallen. Auch hier sind die jeweils beteiligten Akteure langfristig eingebunden und verhalten sich daher überwiegend kooperativ. Einige wichtige Elemente des Modells sind in den beiden nachstehenden Abbildungen zusammengefaßt; sie werden im folgenden weiter erörtert.

---

[1] Der folgende Abschnitt basiert auf Immerfall (1996a und 1998a); vgl. auch Allen (1992), Soskice (1991) und Streeck (1997).

Abbildung 1: Staat, Wirtschaft und Gesellschaft

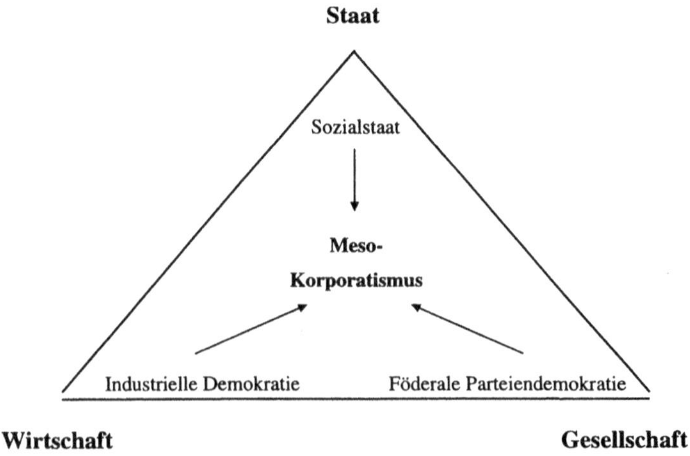

Abbildung 2: Elemente der deutschen Wirtschafts- und Sozialverfassung

Dimension	Beschreibung
Föderaler Parteienstaat	• Bundesstaat mit Doppelrepräsentation (Bund und Länder) • Zwang zu Koalitions- und Verhandlungslösungen • regional differenzierte Industriepolitik • Gedanke der Selbstverwaltung
Sozialstaat	• Rechtsstaat mit sozialen und regionalen Ausgleichsmechanismen • konservativer Wohlfahrtsstaat mit sozialdemokratischen Elementen • Arbeitnehmerbeteiligung auf verschiedenen Ebenen rechtlich abgesichert • freier Marktzugang durch Wettbewerbsschutzpolitk
Industrielle Demokratie	• dichtes Netz von halböffentlichen Institutionen und Verbänden • mit Koordinationsaufgaben auf Mesoebene • Regelungen autonomer Sozialpartner sind rechtsverbindlich • Verflechtung zwischen Industrie- und Bankenkapital

Nicht nur in der „Sozialpartnerschaft“, auch in den Eigentumsverhältnissen an Unternehmen kommen „korporatistische“ Züge zum Ausdruck: Unternehmen sind mit Unternehmen und mit Banken verflochten. Kredite spielen bei vielen Firmen eine häufig größere Rolle als der öffentliche Kapitalmarkt. Gemessen an der Wertschöpfung beträgt die Marktkapitalisierung – d.h. die in Aktien ausgegebenen Firmenanteile – ein Drittel derjenigen der USA und ein Fünftel derjenigen Großbritanniens. Hieraus ergibt sich eine enge Beziehung zwischen Firmen und ihren „Hausbanken", die sich häufig auch in personellen Verflechtungen im Aufsichtsrat niederschlägt. Ihr Einfluß geht über die von ihnen gehaltene Beteiligung – Banken besitzen etwa 15% des deutschen Aktienkapitals – weit hinaus.

Diese Konstellation wird institutionell durch das deutsche Universalbankensystem und gesetzlich durch die steuerliche Begünstigung von Fremd- gegenüber Eigenkapitalfinanzierung, das Depotstimmrecht und die Beratungshaftpflicht von Banken unterstützt. Sie führt dazu, daß der deutsche Kapitalmarkt als weniger effizient gilt als etwa der britische. Andererseits sind deutsche Finanzhäuser viel stabiler und eher bereit, „ihren" Firmen gegebenenfalls mit Rat und Finanzmitteln unter die Arme zu greifen. So sind deutsche Unternehmen der Gefahr feindlicher Übernahmen nur selten ausgesetzt.

Dementsprechend ist die Zeitperspektive von deutschen eine längerfristige als etwa bei angelsächsischen Firmen. Deutsche Manager empfinden es als selbstverständlich, daß sie bei ihren Entscheidungen eine Vielzahl von Stimmen berücksichtigen müssen, nicht nur die der Anteilsinhaber, sondern auch Voten von Banken, Arbeitnehmervertretern oder kommunalpolitischen Entscheidungsträgern. Mitbestimmungen und Machtteilung gelten im deutschen Kontext sehr viel weniger als Schimpfwörter als im amerikanischen oder auch französischen Sprachraum (d'Iribarne 1995). Zusätzlich begünstigt die Sozialgesetzgebung Beziehungen mit langem Zeithorizont zwischen Firmen und der (Kern-)Belegschaft, da sie beispielsweise einer eventuellen Kurzarbeit Vorrang vor Entlassungen gewährt. Gewerkschaften kommen neben der betrieblichen Mitbestimmung im dualen Modell der Interessenvertretung durch unabhängige Betriebsräte, die aber überwiegend Gewerkschaftsmitglieder sind, auch besondere Rechte in Unternehmen mit mehr als 800 Angestellten zu, wo sie im Aufsichtsrat vertreten sind.

Entgegen der verbreiteten, aus der Geschichte genährten Vorstellung eines mächtigen und allgegenwärtigen deutschen Staates ist das deutsche politische System in Wahrheit stark fragmentiert und bedarf in vielerlei Hinsicht der Unterstützung von Interessengruppen, halbstaatlichen Institutionen und Verbänden, um seinen Aufgaben gerecht zu werden. Dies erfordert eine verbandlich umfassend organisierte Gesellschaft. Hier kommt dem Konzept der Selbstverwaltung und der „staatstragenden Verbände" (Bockenförde) eine besondere Bedeutung zu, das in Deutschland eine lange Tradition hat (Crouch 1994). Diese kann nur funktionieren, wenn Arbeitgeber und Gewerkschaften gut organisiert vergleichsweise stark zentralisiert sind. Ihren Spitzenverbänden obliegt es, Einkommens- und Arbeitsangelegenheiten verbindlich zu regeln. Ferner beaufsichtigen sie das „duale Ausbildungssystem", durch das die praktische Ausbildung im Betrieb und die theoretische Ausbildung in der Schule kombiniert wird. Arbeitgeber und Gewerkschaften sind auch in den Organen der Sozialversicherungsträger vertreten, die den Kern des deutschen Sozialstaats darstellen und mit Selbstverwaltung ausgestattet sind.

Dem Gedanken der Unabhängigkeit ist auch das Gesetz über die Deutsche Bundesbank verpflichtet. Es verpflichtet sie, die allgemeine Wirtschaftspolitik der Bundesregierung zu unterstützen, jedoch nur unter Beachtung ihrer währungspolitischen Aufgabe. Dies kann zu Konflikten mit dieser wie auch mit der Geldpolitik der Nachbarländer führen. Hierin neoliberales Denken zu erkennen und den Bundesbankpräsidenten als Verfechter der unbeschränkten Herrschaft der Finanzmärkte und des Abbaus des Sozialstaats mißzuverstehen (Bourdieu 1997: 171-177), zeugt von außergewöhnlicher Unkenntnis. Hans Tietmeyer hat ganz im Gegenteil die Rolle der Geldwertstabilität im Rahmen einer sozial verpflichteten Marktwirtschaft klar hervorgehoben (Materialien 2).

Andere Elemente der Kontinuität sind die Mittelstandspolitik oder die Handwerksordnung und schließlich auch die vergleichsweise regional und größenmäßig ausgeglichene Industriestruktur in Deutschland. Sie weist sowohl große, multinationale Unternehmen als auch kleinere, oft aber sehr leistungsfähige und in ihrem Bereich mitunter sogar weltweit führende Unternehmen auf (vgl. Herrigel 1996). Dies unterstreicht, daß die Wurzeln des westdeutschen ökonomischen Institutionenmodells weit zurückreichen und nicht nur durch den Kompromiß zwischen Christ- und Sozialdemokratie in der Nachkriegszeit erklärt werden können.

Doch natürlich gibt es auch Neuerungen. Dabei spielte die historische Erfahrung des Hitlerfaschismus eine große Rolle. Sie schlug sich beispielsweise in den Einheitsgewerkschaften oder in der Union des katholischen und des protestantischen Flügels des Konservatismus nieder, die es beide vorher nicht gab. Auch die unterstützende Rolle der Alliierten muß berücksichtigt werden. Ihnen kam es, beginnend mit dem Marshallplan, darauf an, an der Nahtstelle zum sozialistischen Osten ein Vorzeigemodell zu errichten.

Eine weitere Neuerung der Nachkriegszeit stellt das Wettbewerbsrecht dar. Während Kaiserreich und Weimarer Republik – und erst recht natürlich die Kriegswirtschaft des Dritten Reiches – einer kartellierten Wirtschaft positiv gegenüberstanden, gilt das Prinzip des freien Marktzuganges als Eckpfeiler des Ordoliberalismus. Dem Staat kommt die Aufgabe zu, über strenge Monopol- und Oligopolkontrolle eine funktionsfähige Wettbewerbsordnung sicherzustellen. Den geistigen Vätern der Sozialen Markwirtschaft galt Wettbewerb nicht nur als ein Organisations-, sondern vor allem als ein „Entmachtungsprinzip“ (Franz Böhm). Das Gesetz gegen Wettbewerbsbeschränkung (GWB) wird denn auch gern als „Grundgesetz der Sozialen Marktwirtschaft“ bezeichnet.

Insgesamt begünstigt die institutionelle Ausgestaltung des Modells eine vergleichsweise egalitäre Einkommensverteilung. Dies gilt für Lohnunterschiede innerhalb und zwischen den Sektoren und Branchen, zwischen Arbeitnehmern in kleinen und großen Firmen, zwischen unterschiedlichen Qualifikationsniveaus und schließlich auch zwischen Regionen. In wohl keinem der großen Industrieländer war – vor der Vereinigung – die regionale Gleichheit der Lebensverhältnisse, einschließlich einer hervorragenden Infrastruktur, so sehr verwirklicht wie in der Bundesrepublik. Hierzu trug der Länderfinanzausgleich bei, der auf eine weitere Besonderheit Deutschlands hinweist: einen ausgeprägten Föderalismus, der allerdings durch bundesweit agierende Parteien und eine vergleichsweise große Homogenität der Bevölkerung gedämpft wird. Die starke Stellung eigenwilliger Länder und ein Wahlsystem, das absolute Mehrheiten kaum zuläßt, führen dazu, daß grundlegende politische Reformen letztlich nur im Konsens angepackt werden können.

Das tarifvertraglich abgesicherte, hohe und vergleichsweise ausgeglichene Lohnniveau wirkt als Zuckerbrot und Peitsche für mehr Produktivität. Weniger produktive Firmen scheiden aus dem Markt aus, da es ihnen aufgrund kollektiver Vereinbarungen verwehrt ist, Gemeinkosten wie etwa Ausbildungskosten abzuwälzen oder sich Wettbewerbsvorteile durch Beschneidung der Arbeitsbedingungen und Lohnbedingungen zu verschaffen. Dies gilt zumindest solange, als die Verlagerung ins Ausland im größeren Maßstab wenig praktikabel ist. Umgekehrt werden besonders produktive Firmen belohnt, da ihren überdurchschnittlichen Gewinnen keine überdurchschnittlichen Löhne gegenüberstehen.

Ein derartiges Lohn- und Sozialniveau ist nur finanzierbar, solange deutsche Produkte auf dem Weltmarkt für besondere Qualität Preisaufschläge einfahren können. Es erfordert ein hohes Qualifikationsniveau der Arbeitnehmer und die Bereitschaft, sich für ihre Firma einzusetzen. Deutsche Gewerkschaften stehen denn auch der Einführung neuer Technologien im Regelfall aufgeschlossen gegenüber. Zum einen haben sie dabei ein Mitspracherecht. Zum anderen ist ihnen bewußt, daß Produktivitätssteigerungen für den Erhalt der Lohn- und Sozialleistungen notwendig sind und die Beschäftigten, längerfristig gesehen, von ihnen profitieren. Die Arbeitsbeziehungen sind dementsprechend friedlich. In den letzten 10 Jahren gingen unter den 24 OECD-Ländern nur in Österreich, Japan und der Schweiz noch weniger Arbeitstage durch Streik verloren als in der Bundesrepublik. Dieses System begünstigt eine hohe Qualität der Produktion und eine beständige Verbesserung der Produkte, weniger allerdings die Entwicklung gänzlich neuer Produkte oder die Erschließung neuer Märkte.

2.2 Modell Deutschland – auf der Anklagebank

Damit sind wir bei den Nachteilen vom Modell Deutschland angelangt. Die Kritikansätze lassen sich zu drei Komplexen zusammenfassen. Zum einen wird die Degenerierung des Wirtschaftssystems der Bundesrepublik gegenüber dem eigentlichen Konzept der Sozialen Marktwirtschaft beklagt. Darauf wird hier nicht eingegangen (vgl. Zinn 1992; Radke 1994; Lachmann/Haupt/Farmer 1996). Zum zweiten kann gefragt werden, ob es angesichts veränderter Herausforderungen noch zeitgemäß ist. Das ist Gegenstand der Abschnitte in Kapitel 3. Schließlich kann es sich drittens um die sozusagen „eingebauten" Nachteile des deutschen Produktionsmodells handeln. Da es selbst im Zeitalter der Gentechnologie keine Rosen ohne Dornen gibt – oder amerikanisch prosaischer: *There is no such thing as a free lunch* – stehen Vor- und Nachteile in einem engen Zusammenhang („trade-off").

Hier kann einmal auf jene Bereiche hingewiesen werden, die sich unmittelbar aus den oben dargestellten Eigentümlichkeiten ergeben, also sozusagen nur die andere Seite der Medaille darstellen: mangelnde Produktinnovation, Defizite im Kapitalmarkt, Reformträgheit. Die deutsche Übersetzung von „venture capital" – eigentlich Chancen- oder Wagniskapital – mit „Risikokapital" mag hier ein bezeichnendes Indiz sein.

Auch die Langfristigkeit der industriellen Beziehungen hat nicht nur positive Seiten. Im angelsächsischen Sprachgebrauch wird die deutsche Form des Kapitalismus auch als „stakeholder" im Gegensatz zum „shareholder capitalism" bezeichnet: Diejenigen, die ihre Interessen an einen Betrieb gekoppelt haben, wie das Management, die Belegschaft und ihre gewerkschaftlichen Interessenvertretung oder auch die Kommune, werden vergleichsweise gegenüber den Anteilseignern bevorzugt, denen es um ihre Rendite geht. Unternehmen sind in diesem System zwar weniger von den kurzfristigen Bewegungen auf den Finanzmärkten abhängig, andererseits aber auch weniger flexibel, wenn es um das Ausnützen sich neu bietender Chancen geht.

Hinzu kommt, daß Verflochtenheit leicht in Geschlossenheit umschlagen kann. Die Tarifpartner könnten versucht sein, sich auf Kosten Dritter – der Konsumenten und der (nicht-organisierten) Erwerbslosen – zu einigen. Diejenigen, die draußen sind, haben wenig Chancen hineinzukommen. Dafür spricht die von manchen Arbeitssoziologen beobachtete Dualisierung des Arbeitsmarkts, d.h. die Trennung in Kern- und Randbelegschaft, in Überbeschäftigte und kaum vermittelbare Arbeitslose, sowie die im europäischen Vergleich niedrige Erwerbsquote, besonders die von Frauen. Bei Beschäftigungsproblemen denkt man in Deutschland eher an die Verknappung des Arbeitskräfteangebots – an Zwangs- und Frühverrentung, Arbeitszeitverkürzung und auch an den Entzug der Arbeitserlaubnis für Arbeitsmigranten – als an eine Ausweitung der Nachfrage.

Diese Kritik ist im Grunde unstreitig. Strittig ist „nur", wie die Bilanz von Vor- und Nachteilen letztlich aussieht. Darauf wird am Ende der Untersuchung einzugehen sein. Einzugehen ist hier auf eine Kritik, die den Gedanken des sozialen Ausgleichs und Eingriffe in die Marktwirtschaft grundsätzlich in Frage stellt. Ein erstes Argument besagt, daß soziale Sicherheit auf der individuellen Ebene innovationshemmend wirkt und auf der Ebene des politischen Systems ein Faß ohne Boden aufmache. Weitreichende soziale Absicherung untergräbt Arbeitsmoral und Produktivität. Diese Behauptung hat die Entstehung der sozialen Sicherungssysteme seit jeher begleitet. Sie trat auch schon vor der Jahrhundertwende auf, zu einer Zeit, als die Sozialversicherungsabgaben noch kaum ein Prozent des Sozialprodukts betrugen (Hirschman 1992). Es genügt hier der Hinweis, daß der statistische Nachweis bislang nicht gelungen ist, ein gut ausgebauter Sozialstaat beeinträchtige den wirtschaftlichen Wohlstand. Damit ist natürlich nicht gesagt, Lohnnebenkosten und Sozialabgaben könnten beliebig erhöht werden, ohne die wirtschaftlichen Entfaltungskräfte zu beeinträchtigen.

Schließlich ist hier noch auf den Vorwurf der Inflexibilität und der Überregulierung hinzuweisen. Ein gern vorgebrachtes Beispiel besagt, daß ein Steve Jobs von Apple oder ein Bill Gates von Microsoft bereits bei ihren ersten Schritten als Unternehmer an der deutschen Gewerbeordnung gescheitert wären. Es sei dahingestellt, ob sich kreative Geister von derartigen Hürden wirklich abschrecken lassen, ob manche Vorschriften nicht sogar die Überlebenswahrscheinlichkeit von Neugründungen verbessern helfen.[2] Ungeachtet dessen kann nicht bestritten werden, daß bürokratische Vorschriften der steten Überprüfung bedürfen. Beispielsweise zeigt eine EU-weite Studie, daß behördliche Genehmigungsverfahren durchschnittlich fünf Monate in Belgien, sieben in Großbritannien – ein ganzes Jahr aber in Deutschland brauchen. Der Streit um die Ladenöffnungszeiten erschien den meisten ausländischen Beobachtern eher lächerlich. Auch hier ist die Sprachregelung entlarvend: von „Ladenschluß“ ist die Rede, nicht aber von Konsumentenfreiheit. Doch immerhin: letztlich hat sich etwas bewegt. Auch auf der kommunalen Ebene gibt es zahlreiche Versuche, Vorschriften zu entrümpeln und Verfahren zu vereinfachen. Öffentliche Finanzknappheit kann hier durchaus heilsam wirken (vgl. Naschold/Bogumil 1998).

Schwerer wiegt noch der Vorwurf mangelnder Flexibilität. Bürokratie mag ärgerlich sein, aber Inflexibilität verhindert, daß sich die wirtschaftlichen Akteure an veränderte Gegebenheiten anpassen. Oben wurde angedeutet, daß diverse „Verflechtungsfallen“ (Scharpf) im politischen System der Bundesrepublik rasche Reformen ausschließen. Darüber darf aber nicht vergessen werden, daß Föderalismus und Selbstverwaltung andererseits eine dezentrale Industriepolitik ermöglichen, die auf die Bedürfnisse vor Ort sehr behende eingehen kann. Dies ist gerade für hochspezialisierte mittelständische Un-

---

2 Dieses Argument verdanken wir Udo Staber.

ternehmen, die ein zentrales Element der deutschen Industriestruktur darstellen, sehr wichtig (Braczyk/Cooke/Heidenreich 1998).

Unter Beschuß geriet auch das Arbeitsrecht, insbesondere was den angeblich zu starren Flächentarifvertrag betrifft. Die Lohnspreizung zwischen hoch- und minderqualifizierten Arbeitnehmern, zwischen unterschiedlichen Firmen der gleichen Branche und zwischen unterschiedlichen Regionen sei zu gering. Tatsächlich ist aber im Zeitvergleich ein Trend zur Nivellierung der Einkommen unterschiedlicher Lohngruppen infolge einer „leistungsfeindlichen" Lohnstrukturpolitik der Gewerkschaften nicht auszumachen (Keller 1995: 339, 367). Gerade das duale System der Interessenvertretung – mit dem Betriebsrat als betrieblicher Interessenvertretung einerseits und den Gewerkschaften als überbetrieblich-sektoraler Vertretung auf dem Arbeitsmarkt andererseits – ermöglicht beträchtlichen Spielraum bei der einzelbetrieblichen Umsetzung allgemeiner Tarifvertragsregelungen. Dieser Spielraum hat sich in den letzten Jahren beträchtlich ausgeweitet, obwohl er zum Teil noch gar nicht voll ausgeschöpft wurde.

2.3 Modell Deutschland mit eingebautem Reformstau?

Die deutschen Medien und insbesondere die überregionale Tages- und Wochenpresse haben im Vergleich zu anderen Ländern ein waches Ohr für neue Entwicklungen im Ausland, für neue Modellversuche und gesellschaftliche Experimente. Wir sind in der Regel also gut informiert über Varianten und Alternativen in anderen Ländern.

In Diskrepanz dazu steht der Eindruck, den ausländische Medien zunehmend von Deutschland gewinnen. Viele Reformen werden angemahnt, neue Reformgesetze und -bestimmungen entworfen und sogar in die parlamentarische Gesetzesmaschinerie eingebracht – aber was am Ende als Output herauskommt, erscheint in Relation zum Reformbedarf erschütternd wenig. Ralph Atkins, der Bonner Korrespondent der Londoner „Financial Times", bezeichnet dieses Phänomen in Anlehnung an „the Waldsterben" bereits als *„the Reformstau"*, weil es dafür anscheinend keinen passenden englischen Begriff gibt. Was sind die Kennzeichen dieses Reformstaus? Haben wir alle gelernt, Probleme auszusitzen im Vertrauen darauf, daß sie sich eines Tages von selbst erübrigen? Diese Auffassung würde dem Anliegen vieler gesellschaftlicher Einzelkämpfer, Gruppen und Organisationen nicht gerecht, die sich in ihrem Feld für Reformen einsetzen. Im Lauf der Jahre haben sich vielmehr einstmals vorteilhafte Regelungen und Strategien zu strukturellen Hindernissen gewandelt, die raschen Reformschritten entgegenstehen. Fünf Ursachen werden im folgenden angesprochen, von denen die ersten zwei struktureller und die folgenden drei psychologischer Art sind.

Der Staat wird zunehmend mit nicht intendierten Nebenwirkungen eigenen Handelns konfrontiert: Eines der Aha-Erlebnisse vieler Ostdeutscher nach der Vereinigung bestand in der unerwarteten Erfahrung, daß eine mit mehr persönlichen Freiheiten ausgestattete Staatsform nicht mit weniger, sondern im Vergleich zur DDR sogar mit mehr Bürokratie aufwartete. Von westdeutscher Seite wird dies kaum so wahrgenommen, da die Zahl der Formulare unauffällig über die Jahre gewachsen ist. Nimmt man den bei vielen Ostdeutschen entstandenen Eindruck ernst, so ist er ein Indiz für die hohe Regelungsdichte der deutschen Gesellschaft. Von staatlicher Seite verursachte und verwaltete Einkommenstransferströme – z.B. auf der Grundlage des Sozialhilfegesetzes – ziehen praktisch automatisch Anstrengungen nach sich, das Geld so bedürfnis- und anspruchsgerecht wie möglich zu verteilen und dabei Möglichkeiten des Mißbrauchs so weit wie möglich einzuschränken. Je mehr Einkommensanteile Staat und Sozialversicherung durch Steuern und Zwangsbeiträge vereinnahmen – die Staatsquote liegt derzeit bei 50% des Bruttosozialprodukts –, desto mehr Regelungen und Bestimmungen müssen in Kraft gesetzt werden, um die Umverteilung zu steuern. Diese überwiegend mit Zielen der Verteilungsgerechtigkeit begründete Staatstätigkeit kann im Prinzip immer weiter getrieben werden, stößt aber – von Land zu Land unterschiedlich – irgendwann auf Grenzen der Akzeptanz und ruft Vermeidungsreaktionen in Form von Schwarzarbeit und Steuerhinterziehung hervor.

Eine ausufernde Regelungsdichte ist aber auch in Bereichen zu beobachten, in denen keine Verteilung staatlicher Gelder ansteht. So läßt sich fast jede der einzelnen Bestimmungen im Baurecht und im Bauordnungsrecht mit vernünftigen Gründen rechtfertigen. In seiner Gesamtheit hat dieses Gesetzeswerk jedoch einen Grad an Komplexität und Unübersichtlichkeit erreicht, daß es nur noch für Experten durchschau- und beherrschbar ist und von standortsuchenden ausländischen Unternehmen zunehmend häufiger als Negativfaktor genannt wird.

Der Ausweg aus einer solchen mißlichen Lage kann nur darin bestehen, den staatlichen Verteilungs- und Regelungsdrang zurückzuschneiden. Dies fällt in jenen Bereichen um so schwerer, wo mit der Zeit Verwaltungen und Bürokratien herangewachsen sind, deren Arbeitsinhalt eben darin besteht, die gesetzlichen Bestimmungen auszuführen und darüber zu wachen, daß sie eingehalten werden.

Der Staat hat es mit mächtiger gewordenen gesellschaftlichen Akteuren zu tun: Im Zusammenhang mit dem Globalisierungsprozeß wird später die Rede davon sein, daß sich Unternehmen zunehmend staatlichen Beeinflussungsversuchen entziehen und in Verhandlungssituationen ihre Exit-Macht ausspielen können (vgl. Abschn. 3.4.3). Dem Staat bereiten aber nicht nur autonomere Unternehmen Probleme, sondern auch die große Zahl von Privathaushalten, die im Verlauf einer 30jährigen Periode des wachsenden Wohlstands einen deutlichen Ressourcenzuwachs erfahren haben. Privathaushalte setzen diese Ressourcen ähnlich wie Unternehmen ein, um Leistungen des Steuerberaters, des Anlageberaters und des Rechtsanwalts zu kaufen oder um ihre Mobilität zu steigern. Mit Hilfe dieses Expertenwissens und vermehrter Mobilität reagieren sie häufig anders als von politisch-administrativer Seite gewollt oder vorhergesehen und widersetzen sich politischem Willen, ohne selbst politisch aktiv werden zu müssen. Ein besonders effektives Mittel, Sand ins Getriebe von Reformversuchen zu streuen, ist die juristische Klage. Dem kommt zugute, daß das inzwischen vorhandene umfangreiche Gesetzes- und Regelwerk fast zwangsläufig interne Widersprüche, Unklarheiten und Ermessensspielräume enthält, so daß der Rechtsweg immer häufiger erfolgversprechend erscheint, um zumindest einen Teil der eigenen Interessen durchzusetzen.

„Was früher gut und erfolgreich war, kann heute nicht schlecht sein": Der Erfolg des „Modell Deutschland" in Form des Wirtschaftswunders hat es mit sich gebracht, daß eine ganze Reihe von Personen in Führungspositionen auf dieses Modell schwören und in der Kontinuität einen Erfolgsgaranten für die Zukunft sehen. Unter dieser Orientierung wurde auch die Mammutaufgabe der deutschen Vereinigung in Angriff genommen (vgl. Abschn. 3.1.1). Die Gefahr dieses Vorgehens besteht darin, daß Phänomene und Vorgänge, die sich dem erfolgsgewohnten Zugriff widersetzen, zu leicht verdrängt und als Sonderfälle abgetan werden. Das Resultat ist, daß sich gerade hinter dem Rücken relativ gut funktionierender Gesellschaften großer Reformbedarf anstauen kann, auf welchen aber erst in einem sehr späten Stadium reagiert wird. Brauchen wir erst englische Verhältnisse, um danach eine „Thatcher-Kur" einzuleiten?

„Konsens ist besser als Konflikt“: In den Jahren nach dem Zweiten Weltkrieg hatte sich gezeigt, daß der wirtschaftliche Aufbau schneller voranging, wenn Arbeitgeber- und Arbeitnehmerseite „an einem Strang zogen“ und partnerschaftliche Lösungen anstrebten. Hier wurden die Wurzeln gelegt zum Konsensmodell der Sozialpartnerschaft, zur partnerschaftlichen Mitbestimmung und zur Einbindung der verschiedenen gesellschaftlichen Kräfte in Kanzlerrunden und Beschäftigungsverträgen. Dieser Philosophie entsprachen auch noch die in Ostdeutschland entwickelte und praktizierte Idee der runden Tische. Solche konsensorientierten Strategien funktionieren ganz gut, solange die Dialogpartner keine festen Interessenorganisationen ausgebildet haben. Mit der Zunahme von korporativen Elementen aber geraten diese Veranstaltungen mehr und mehr zu Schau- und Machtkämpfen, bei denen sich bestenfalls auf den kleinsten gemeinsamen Nenner geeinigt wird. Häufig bedeutet dies: Alles bleibt beim alten.

Besitzstandswahrungs-Denken: An der geballten Macht von Interessengruppen, die sich die Maxime der Besitzstandswahrung aufs Banner geschrieben haben, sind inzwischen zahlreiche Reformvorhaben gescheitert. Mit dem Begriff erringt eine Denkweise Legitimität, die davon ausgeht, daß es hinter das Niveau eines einmal erreichten Wohlstands- oder Einkommensniveaus keinen Rückschritt mehr geben darf. Sie entpuppt sich hiermit als ein Kind des „Traums immerwährender Prosperität“ (Lutz 1984), der seine Wurzeln darin hat, daß sich für die Mehrheit der Erwerbstätigen und Rentner Einkommen und Lebensstandard über einen Zeitraum von fast 30 Jahren stetig nach oben entwickelt haben. In Gewöhnung an diesen Trend fällt die Vorstellung immer schwerer, daß die wirtschaftliche Entwicklung auch wieder in die andere Richtung gehen könnte. Besitzstandswahrung ist der Versuch, sich von dieser Entwicklung abzukoppeln, was zwangsläufig auf Kosten anderer gehen muß.

Auch Handwerks- und Berufsverbände unterliegen diesem Denken, wenn sie nicht wahrhaben wollen, daß mit dem wirtschaftlichen Strukturwandel neue Berufsbilder entstehen und traditionelle Berufe veralten. Die Reaktion, die Aufnahme dieser neuen Berufe in das Ausbildungswesen per Verbandsmacht zu blockieren, stellt einen weiteren Baustein für Reformblockaden dar.

Haben wir es also mit einem Modell zu tun, das einst erfolgreich war, dann aber träge und inflexibel wurde und heute unfähig ist, die notwendigen Veränderungen vorzunehmen?

3. Die vierfache Herausforderung

3.1 Die deutsche Vereinigung

Aus der Perspektive dieses Buches, das die Eignung Deutschlands als Standort für wirtschaftliche Aktivitäten untersucht, erhält die deutsche Vereinigung einen eigenartigen Doppelcharakter.

Vom Jahr 1990 aus *zurückgeblickt* erscheint die Vereinigung als letztendlich logische Konsequenz der Überlegenheit des marktwirtschaftlichen Systems gegenüber der Zentralverwaltungswirtschaft. Allerdings trat unter dem zunächst frisch leuchtenden „Lack" der freiheits- und bürgerrechtlich motivierten Wendebewegung der „Grundanstrich" von Konsumbedürfnissen und einer Sehnsucht nach der Warenwelt des Westens bei einer Bevölkerungsmehrheit erst allmählich zu Tage: „Kommt die D-Mark, bleiben wir! Kommt sie nicht, geh'n wir zu ihr!" Mit diesem im Winter 1990 erstmals auf den Transparenten der Montagsdemonstranten auftauchenden Slogan wurde die damalige Mehrheitsströmung auf den Punkt gebracht. Der Erfolg des „Modell Deutschland" war für die Bürger der DDR über Jahrzehnte hinweg trotz staatlicher Abschirmungsversuche qua Fernsehen, Verwandtschaftskontakte und Geschenksendungen präsent. „Das Bild des westdeutschen Wirtschaftswunders vor Augen, meinten nach 1989 nicht wenige der Ostdeutschen, daß sie nun an der Reihe seien und daß im Sinne einer ausgleichenden Gerechtigkeit ihnen nun das zustehe, was sie über Jahre hinweg entbehrt hätten" (Pollack 1996). Mit dem „Anschluß" an dieses Modell ging für sie ein zentraler Wunsch in Erfüllung, und die Hoffnung auf ein zweites deutsches Wirtschaftswunder erfaßte selbst manchen der sonst eher nüchtern denkenden westdeutschen Ökonomen. Rückblickend ist also zu erkennen, daß die Attraktivität des marktwirtschaftlichen Systems im Hinblick auf Quantität und Qualität seines Warenangebots und das Vertrauen auf seine Durchsetzungskraft wesentliche Faktoren waren, die die forsche Vorgehensweise der damaligen Politiker in West und Ost zugunsten eines beschleunigten Beitritts der DDR in diese ersehnte Welt legitimierten.

Geht man dagegen auf der Zeitachse von 1990 aus nach *vorne in Richtung Gegenwart*, so läßt sich die Vereinigung als der Beginn einer großen Herausforderung des „Modell Deutschland“ ansetzen: Würden die über Jahrzehnte hinweg entwickelten institutionellen Regelungen ausreichen und flexibel genug sein, um das neue Staatsgebiet und die Bevölkerung schnell und effektiv zu integrieren? Wie würden die verfügbaren Integrations- und Ausgleichsmechanismen die Aufgabe bewältigen, ein bislang nicht gekanntes Maß sozialer und regionaler Ungleichheit kleinzuarbeiten? Die Prognosen der Experten – wobei es eigentlich überhaupt keine Experten für den Fall einer kompletten und umbruchartigen ökonomisch-gesellschaftlichen Transformation gab – gingen weit auseinander und reichten von der Vorstellung einer problemlosen ökonomischen Angleichung der neuen Länder innerhalb weniger Jahre an das Niveau der alten bis zur Vision, daß sich regionale Unterschiede – vergleichbar denen zwischen Italiens Norden und seinem Mezzogiorno – verfestigen würden, womit auf Dauer eine Beeinträchtigung der Standortqualitäten Deutschlands drohte. Man kann es auch so ausdrücken: Die im Wettbewerb der Systeme errungene Überlegenheit der Marktwirtschaft erwies sich nicht als Ruhekissen, sondern stellte diese sofort wieder vor neue Anforderungen und Bewährungsproben, für welche aus der Vergangenheit keine probaten Lösungsmuster abrufbar waren.

In den folgenden Abschnitten wird zunächst auf die wachstums- und konjunkturfördernden Effekte der deutschen Vereinigung eingegangen (3.1.1). Anschließend stehen die Potentiale auf dem Prüfstand, die die neuen Länder als Standort für Unternehmen mehr oder weniger geeignet erscheinen lassen (3.1.2). Zu diesen Standortkriterien zählen auch die institutionellen Regelungen, die im Rahmen des Vereinigungsprozesses auf die neuen Länder übertragen worden sind und unterschiedliche Auswirkungen gezeitigt haben (3.1.3). Schließlich wird der Stand der Angleichung zwischen Ost und West nachgezeichnet, was von Belang ist für die interne Differenzierung des Standort Deutschland (3.1.4). Im Verlauf des Kapitels wird einmal die eine, dann wieder die andere Seite des eingangs erwähnten Doppelcharakters des Großereignisses Vereinigung stärker hervortreten.

3.1.1 Die deutsche Vereinigung als Konjunkturspritze und Wachstumsmotor für die westdeutsche Wirtschaft

Vom Konjunkturverlauf her befand sich die Bundesrepublik Ende der 80er Jahre ähnlich wie andere westeuropäische Länder im Endstadium einer achtjährigen Aufschwungphase. Nachdem die bundesdeutsche Wirtschaft 1989 nochmals um 3,5% gewachsen war, gingen die Konjunkturprognosen für 1990 und 1991 von einer deutlichen Abschwächung dieser Dynamik aus (Ragnitz 1995: 437). Die mit der Währungsunion und der Vereinigung sich intern eröffnenden neuen Märkte waren in dieser Situation eine willkommene „Konjunkturspritze“ für die westdeutsche Wirtschaft, um dem drohenden Konjunkturtal zu entfliehen. Mit Vollzug der Währungsunion Mitte 1990 noch vor dem Vereinigungstermin wurde die ostdeutsche Bevölkerung mit D-Mark ausgestattet. Dies bedeutete für westdeutsche Anbieter einen starken Nachfragesog, der nicht nur den drohenden Konjunkturrückgang ausglich, sondern sogar zu einem zusätzlichen Wachstum von 5,5 bzw. 5% in den Jahren 1990 und 1991 führte. Diese Nachfragebelebung wurde für die Unternehmen in den alten Ländern um so wirksamer, je stärker die Nachfrage nach Ost-Produkten schrumpfte und je mehr Ost-Betriebe in Konkurs gingen. Die Auslastung der westdeutschen industriellen Produktionskapazitäten nahm in diesem Zeitraum um 4% zu und überstieg mit 99,7% die bisherige Rekordmarke des Jahres 1970 (Ragnitz 1995: 438).

Im Rückblick läßt sich behaupten, daß die Attraktivität des marktwirtschaftlichen Systems im Hinblick auf Quantität und Qualität seines Warenangebots von politischer Seite als wesentlicher Faktor eingesetzt wurde, um die Aufgabe zu meistern, die Bevölkerung der neuen Bundesländer in die bundesdeutsche Gesellschaft zu integrieren. So kam es in den neuen Bundesländern auch zu einem in der Wirtschaftsgeschichte sehr seltenen Zusammenfallen eines Handels-Booms sowie einer anfänglichen Zunahme des privaten Verbrauchs bis zu weit über 80% des Bruttoinlandprodukts (zum Vergleich: alte Bundesländer ca. 55%) mit einem gleichzeitigen rapiden Verlust von Arbeitsplätzen in der Landwirtschaft und in der Industrie (Franz 1995: 7). Hier wurde die Basis für die spätere immense Verschuldung der öffentlichen Haushalte gelegt. Die über öffentliche Transferzahlungen absehbar gesicherte Kaufkraft und die für Präsentation und Umsatz eines größeren Warensortiments ungeeigneten Verkaufsstätten der

DDR-Zeit führten zu umfangreichen Investitionen der Handelsketten in die neuen Bundesländer. Dies bewirkte z.B. im Bereich des Lebensmittel-Einzelhandels, daß Ende 1993 1.400 Discountmärkte, 916 Verbrauchermärkte und 1.235 Supermärkte nahezu drei Viertel des Umsatzes an Lebensmitteln auf sich zogen, während die 14.600 sich meist noch in ostdeutscher Hand befindlichen kleineren Geschäfte sich das restliche Viertel teilen mußten.

Dieser vereinigungsbedingte Konjunkturaufschwung ging jedoch schneller zu Ende als den Wirtschaftspolitikern lieb war. Dazu trugen mehrere Faktoren bei:

- Die vorläufige Befriedigung des anfänglichen Nachholbedarfs der ostdeutschen Bevölkerung an Produkten aus dem Westen,
- die Beschneidung der privaten Einkommen durch vereinigungsbedingte Erhöhungen von Steuern und Abgaben,
- die zur frühzeitigen Bekämpfung von Inflationsgefahren verfügte Erhöhung der Geldmarktzinsen durch die Bundesbank,
- eine rückgängige Auslandsnachfrage aufgrund der nachlassenden Konjunkturdynamik wichtiger Partnerländer,
- eine verschlechterte internationale Wettbewerbsfähigkeit deutscher Anbieter aufgrund der Aufwertung der D-Mark im Europäischen Währungssystem (Ragnitz 1995: 439f.).

Obwohl die konjunkturelle Belebung nur von kurzer Dauer war, hat sich die gesamtwirtschaftliche Produktion in Westdeutschland nach der Vereinigung auf einem Niveau von rund 200 Milliarden DM über dem bis 1989 vorherrschenden Wachstumstrend etabliert (Materialien 3). Vor der deutschen Vereinigung folgte das westdeutsche Bruttoinlandsprodukt einem Wachstumstrend, der die Produktion von 1.570 Milliarden DM im Jahr 1970 auf etwa 2.320 Milliarden DM im Jahr 1989 ansteigen ließ. Im Jahr 1997 liegt das westdeutsche Bruttoinlandsprodukt (voraussichtlich) um rund 7% über dem Wert, der sich bei Fortschreibung dieses Trends von 1970 bis 1989 ergeben hätte. Dies ist – in ökonomischer Betrachtung – der „Vereinigungsgewinn" für Westdeutschland.

Dieser „Vereinigungsgewinn" von ca. 200 Milliarden DM übersteigt die Transferzahlungen in der Größenordnung von etwa 150 Milliarden DM, die jährlich von West- nach Ostdeutschland fließen (Materialien 4). Dieses Verhältnis wird in Diskussionen um die Transferzahlungen und ihre unsachgemäße Verwendung kaum zur Kenntnis genommen. Im Gedächtnis bleibt vielmehr die stärkere Belastung von Haushalten und Unternehmen durch erhöhte Steuern und Abgaben. Es wird vielfach übersehen, daß beträchtliche Teile der sogenannten Ost-Transfers gar nicht der ostdeutschen Wirtschaft zugute kommen, was z.B. der Fall ist, wenn eine westdeutsche Baufirma ein Autobahnteilstück im Rahmen der „Verkehrsprojekte Deutsche Einheit“ errichtet. Die westdeutsche Wirtschaft profitiert von den Transferzahlungen in dem Ausmaß, in dem die Ostdeutschen Produkte aus dem Westen bevorzugen. Leider lassen sich kaum Größenangaben darüber machen, wie groß der Anteil der Transfers ist, der wieder direkt zurück in die alten Länder fließt.

In Diskussionen unter Ökonomen wird auch immer wieder darauf hingewiesen, daß der vereinigungsbedingte Wirtschaftsboom in Westdeutschland notwendige Strukturanpassungen verzögert hat. Die plötzlich steigende Nachfrage erlaubte es, mit alten Betriebsstrukturen, Methoden und Maschinen weiterzuproduzieren und Rationalisierungs- und Erneuerungsinvestitionen zunächst zu unterlassen. Demzufolge stieg die Eigenkapitalrendite auf Rekordmarken von 19,6% im Jahr 1990 und von 16,7% im Jahr 1991 (Auskunft der Deutschen Bundesbank). Diese Versäumnisse kamen aber nach 1992 in Form einer Modernitätslücke um so krasser zum Vorschein. Dies hatte zur Konsequenz, daß die Anpassungsreaktionen wie z.B. Personalabbau, Umstellung auf neue Produktionsmethoden oder Betriebsumstrukturierungen einschneidender und abrupter ausfallen mußten als wenn sie zwei Jahre früher stattgefunden hätten.

3.1.2 Das Potential der neuen Länder für Unternehmensstandorte

In den bisherigen Ausführungen war die (westdeutsche) Sicht vorherrschend, daß sich mit dem Beitritt der früheren DDR zur Bundesrepublik ein neues Marktpotential eröffnet, das es zu erschließen gilt. Für viele westdeutsche Unternehmen ist und bleibt es profitabler, den Markt von den etablierten Standorten in den alten Ländern aus zu bedienen, da die Produktivitätsnachteile der ostdeutschen Industrie, der relativ kleine ostdeutsche Markt und die schwierigen Infrastrukturverhältnisse dort für sich genommen nur geringe Anreize für Betriebsverlagerungen bieten (Junkernheinrich/Skopp 1995: 223). Die Produktionskapazitäten in Westdeutschland und in den Hauptimportländern hätten ohne weiteres ausgereicht, um den in den neuen Ländern entstandenen Güterbedarf von dort aus abzudecken. Bezogen auf die gesamte Produktion machen die Lieferungen in die neuen Länder Schätzungen zufolge nur etwa 10% aus (Ragnitz 1995: 441).

Auf der anderen Seite konnte es aber nie politisches Ziel sein, in den neuen Ländern eine Art Heloten- oder Staatsrentengesellschaft zu begründen, deren in der Mehrzahl nicht erwerbstätige Mitglieder durch erweiterte Konsummöglichkeiten politisch „ruhiggestellt“ werden sollten. Eine solche Strategie würde zu einem anhaltend starken Abwanderungsstrom jüngerer Bevölkerungsteile, zur Unterlassung von Erhaltungs- und Modernisierungsinvestitionen und damit zu einem flächenhaften Verfall führen – ein Prozeß, wie er in vielen randständigen und verarmten Regionen abgelaufen ist, und der in der Fachsprache als „passive Sanierung“ bezeichnet wird. Als Ziel stand von Anfang an unangefochten fest, die Wirtschaftsstruktur der neuen Länder der der alten Länder anzunähern und einen Prozeß der selbsttragenden wirtschaftlichen Entwicklung in Gang zu setzen. Um dies zu erreichen, war es notwendig, die auf Autarkie und feste Lieferverbindungen im System der COMECON-Staaten ausgerichtete Wirtschaft der DDR in die international arbeitsteilige Weltwirtschaft einzubinden. Im Unterschied zum Ziel war der Weg, der dorthin führen sollte, strittig (vgl. im Überblick Packeiser/Ragnitz 1995: 67ff.). Die bei einigen Ökonomen sowie in den Betrieben und Kombinaten der DDR 1990 noch vorhandenen Hoffnungen, dies aus eigener Kraft und Innovationsfähigkeit bewerkstelligen zu können, scheiterte an den Hürden, die durch den gewählten Umtauschkurs bei der Währungsumstellung von Mark der DDR in D-Mark, durch die schlagartig abbrechende Nachfrage nach Ost-Produkten und durch die neu geltenden Umwelt-Normen errichtet wurden. In den traditionellen Abnehmerländern waren ihre Produkte zum einen infolge der neuen DM-Preise und zum andern infolge des neuen Konkurrenzangebots technisch höherwertiger Güter aus dem westlichen Ausland von einem Tag auf den anderen plötzlich nicht mehr wettbewerbsfähig. „Die Alternative wäre gewesen, den ostdeutschen Betrieben mehr Zeit für die Anpassung an die neuen Wettbewerbsbedingungen dadurch zu verschaffen, daß sie durch günstige Wechselkurse Preisvorteile nutzen könnten und daß der Verdrängungswettbewerb durch Einfuhrbeschränkungen gemildert worden wäre“ (Pohl 1995: 26). Ob dies ein gangbarer Weg gewesen wäre, läßt sich im nachhinein nach Schaffung vollendeter Tatsachen nur sehr schwer beurteilen. Dagegen spricht, daß die Treuhandanstalt extreme Schwierigkeiten hatte, für große Teile des ihr anvertrauten Unternehmenspakets Käufer zu finden und einen profitablen subventionsfreien Weiterbetrieb zu sichern.

Aufgrund des sich abzeichnenden Zusammenbruchs großer Teile der einheimischen Unternehmen war frühzeitig absehbar, daß eine externe Zufuhr von Know-how, Finanz- und Humankapital erfolgen mußte, bevor an den Einstieg in eine selbsttragende wirtschaftliche Entwicklung gedacht werden konnte. Von Mitte 1990 an wurden verschiedene Programme aufgelegt, in deren Rahmen umfangreiche Haushaltsmittel in die wirtschaftsnahe Infrastruktur und in Maßnahmen zur Verbesserung weicher Standortfaktoren flossen. Parallel dazu wurden Förderprogramme ins Leben gerufen, in deren Rahmen Kredite, Steuererleichterungen und Zuschüsse als Anreiz für privatwirtschaftliche Ansiedlungen und Investitionen stimulieren sollen. „Das hohe Ausmaß von Investitionsförderung für private Investoren soll in der Übergangsphase den Nachteilen und Risiken des Standortes in den neuen Bundesländern im Vergleich zu westdeutschen Standorten Rechnung tragen und den raschen und nachhaltigen Aufbau einer wettbewerbsfähigen Wirtschaftsstruktur gewährleisten“ (JWB 1992: Tz. 30). Damit ist automatisch die Frage gestellt, ob diese massiven Eingriffe der öffentlichen Hand das Standortpotential der neuen Länder für wirtschaftliche Aktivitäten verändern und das Ziel erreichen konnten, Anreize für den Zustrom privaten Kapitals zu bieten.

Das Standortpotential Ostdeutschlands im Vergleich zu Westdeutschland

Versetzt man sich in die Lage eines westdeutschen Industriellen im Jahr 1991, der die soeben neugegründeten fünf ostdeutschen Länder darauf überprüft, ob es sich lohnt, dort zu investieren, ist es nicht einfach, Pro-Argumente zugunsten des „Standort Ostdeutschland“ zu finden. Wer sich selbst auf den Weg dorthin machte, wurde schon allzu bald mit den Unzulänglichkeiten und dem hohen Verschleißgrad der überalterten Infrastruktureinrichtungen konfrontiert. Wie sollte dort beispielsweise. eine moderne Produktion nach dem Just-in-time-Prinzip aufgezogen werden, deren Funktionieren stark von der zeitlichen Zuverlässigkeit des ständigen Lieferstroms an Vorprodukten abhängt? Wie sollten die mit einem hohen Kommunikationsaufwand und ständiger Rückkoppelung verbundenen neuen Methoden der Produktions- und Unternehmenskontrolle umgesetzt werden angesichts häufiger Stromausfälle und eines unzureichenden und veralteten Telefonnetzes? Die offensichtlichen Mängel der ostdeutschen Verkehrseinrichtungen und der wirtschaftsnahen Infrastruktur veranlaßten die Bundesregierung bereits von 1990 an große Summen für die Behebung dieser Mängel bereitzustellen. In diesen Bereich flossen bis Ende 1995 ca. 130 Milliarden DM, wobei die Investitionen der Telekom AG in das ostdeutsche Telekommunikationsnetz mit 41,5 Milliarden DM die größte Einzelinvestition eines Unternehmens in den neuen Ländern darstellen. Dies hat zur Folge, daß Mitte des Jahres 1997 die neuen Länder über das modernste und leistungsfähigste digitalisierte Kabelnetz Europas verfügen und so in etwas mehr als sechs Jahren ein zentraler Standortnachteil in einen wichtigen Standortvorteil umgewandelt werden konnte. Im Bereich des Verkehrs sind die Änderungen weniger markant, erreichen aber großräumig spätestens dann eine neue Qualität, sobald Berlin mit Hannover auf der neuen ICE-Strecke verbunden sein wird. Eine allgemeine Qualitätsverbesserung ist von der Fertigstellung vieler kleinerer Projekte wie vom Lückenschluß des Autobahnnetzes, von Ortsumgehungen und von Brückenbauten abhängig.

Der soeben erwähnte westdeutsche Industrielle hätte selbst bei vorhandener Absicht, einen Unternehmensstandort in den neuen Ländern zu begründen, anfangs noch Schwierigkeiten gehabt, erschlossene Grundstücke für eine Ansiedlung zu finden. Diese ungünstigen Voraussetzungen änderten sich innerhalb kurzer Zeit. In den Aufbau und die Erschließung neuer Gewerbegebiete ist ein bedeutender Teil der Transfermittel geflossen und hat inzwischen sogar zu einem Überangebot an Gewerbeflächen geführt. Dies trifft vor allem für kleinere Gemeinden in ländlichen Räumen und im Umland größerer Städte zu. Im Jahr 1995 waren die erschlossenen Gewerbeflächen durchschnittlich zu 58% ausgelastet, während in ländlichen Regionen die Belegungsquoten mit ca. 40% noch darunter lagen (Snelting 1997: 8). Die kleineren Kommunen haben in diesem Punkt häufig schneller auf Förderprogramm-Angebote reagiert als die Städte, die zunächst die (vergebliche) Hoffnung darin setzten, ihre brachliegenden innerstädtischen Industrieflächen wieder mit neuen Betrieben zu füllen.

Bevor ein neues Unternehmen seinen Betrieb aufnehmen kann, steht es vor der Erfordernis, Arbeitskräfte zu rekrutieren. In Anbetracht der hohen Arbeitslosenzahlen scheint hieran in Ostdeutschland kein Mangel zu herrschen. „Im Jahr nach der Wende wurde die Verfügbarkeit qualifizierter Arbeitskräfte als ein wesentlicher (manche sagen: der einzige) Standortvorteil Ostdeutschlands gewertet, der für eine dynamische Entwicklung stehen sollte. Heute muß konstatiert werden, daß das Potential qualifizierter Arbeitskräfte nicht voll genutzt wird" (Pohl 1995: 22). Die hohe Erwerbsneigung der Bevölkerung geht auf eine 40jährige Sozialisation in der DDR-Zeit zurück, wo die Teilnahme am Arbeitsleben für Mann und Frau als zentraler gesellschaftlicher Wert sehr weit oben eingeordnet war. Zusätzlich weist die Bevölkerung im Erwerbsalter im internationalen Vergleich eine relativ hohen Stand beruflicher Qualifikationen auf (Geißler 1996: 251, 364). Allerdings waren diese Berufe und Qualifikationen auf eine DDR-Wirtschaft mit starkem Landwirtschafts- und Industrie-Sektor zugeschnitten, so daß Umorientierung, Umschulung und Zusatzausbildung im großen Stil erforderlich wurde. Die Bundesanstalt für Arbeit setzte Mittel in Milliardenhöhe für Qualifizierungsmaßnahmen ein und wandte weitere Milliarden auf, um älteren Personen den sozial abgefederten Ausstieg aus dem Berufsleben durch Vorruhestand und Altersübergangsregelungen zu ermöglichen. Vierzig Jahre DDR hatten aber nicht nur zu einer spezifischen Berufsstruktur geführt: Man darf darüber hinaus nicht übersehen, daß die Arbeitsgesellschaft der DDR keine Leistungsgesellschaft im westlichen Sinn war. „Planwirtschaftliches Handeln, Abgeschnittenheit von produktivitätsfördernden Entwicklungen in Westeuropa sowie das Bemühen, Arbeitslosigkeit zu vermeiden und keine größeren Einkommensunterschiede zwischen den Berufstätigen zuzulassen, produzierten ein gesellschaftliches Klima, in dem zwar vordergründig der Leistungsgedanke durch den Ausruf von ‚sozialistischen Wettbewerben', durch die öffentlichen Auszeichnungen für Planerfüllung und -überfüllung kontinuierlich (und penetrant) propagiert wurde, aber als individuell motivierender Antrieb nur wenig wirksam wurde" (Franz 1994a: 180). Die in diesem gesellschaftlichen Kontext über Jahre hinweg entwickelten Mentalitäten lassen sich nicht bei allen über Nacht abstreifen und beeinträchtigen in der Summe die Leistungsfähigkeit des ostdeutschen „Humankapitals" – allerdings in abnehmendem Maße.

Neben der Infrastruktur und dem Angebot an Arbeitskräften spielen auch sogenannte weiche Standortfaktoren bei Ansiedlungsentscheidungen eine Rolle. Wo die Grenze zwischen harten und weichen

Standortfaktoren verläuft, ist unter Experten umstritten. In der Gegenüberstellung des Deutschen Instituts für Urbanistik (Materialien 5) zählt z.B. die oben angesprochene Bevölkerungsmentalität bereits als weicher Standortfakor. Welches Image eine Stadt hat, welche Wohnmöglichkeiten, welches Kultur- und Freizeitangebot, ist oft weniger für Unternehmer und Berufstätige selbst als für ihre Partner und Kinder von Bedeutung. Faktoren dieser Art können aber entscheidungsrelevant werden, wenn z.B. das Ausbildungsangebot einer Stadt oder einer Region zu ungünstig für die eigenen Kinder eingeschätzt oder eine Umwelt mit hohem Freizeitwert gesucht wird. Diese Merkmale werden um so wichtiger, je höher der soziale Status und der Ausbildungsstand der betreffenden Personen sind. Für das Management von Unternehmen in Ostdeutschland ist mangels entsprechender Spezialisten in Ostdeutschland vielfach noch hochqualifiziertes Führungspersonal aus den alten Ländern oder aus Westeuropa unentbehrlich, das für solche Qualitäten hochsensibel ist. In dieser Hinsicht kommt dem Umstand, daß die ostdeutschen Innenstädte trotz eines relativ guten Kulturangebots nur sehr zögerlich an Leben und Urbanität gewinnen, als kommunalem Entwicklungsproblem erhöhte Bedeutung zu. Weiche Standortfaktoren sind häufig nur in einem sehr langfristigen Prozeß veränderbar, da bloße bauliche und infrastrukturelle Verbesserungen allein nicht genügen, sondern erst über den Umweg der Imageveränderung einer Stadt oder Region entscheidungswirksam werden.

Auf der Grenze zwischen harten und weichen Standortfaktoren liegt die Ausstattung einer Region mit Einrichtungen, die forschungs- und entwicklungsbezogen (FuE) sind. Darauf sind jene Unternehmen angewiesen, deren Bestand vom Zugang zu Informationen über innovative Entwicklungen der eigenen Branche abhängt. Aufgrund der zunehmenden Beschleunigung von Produktzyklen – d.h. auf dem Markt angebotene Produkte werden häufiger und schneller durch Nachfolgeprodukte verdrängt – ist dieser Zugang für eine wachsende Zahl von Firmen von Bedeutung. Die Unternehmen, die Forschungseinrichtungen, die politischen Akteure und weitere Ressourcen einer Region konstituieren ein regionales Innovationssystem (Materialien 6). Seit 1990 ist in den neuen Ländern mit Bundes-, Länder- und EU-Mitteln ein dichtes Netz von Technologie- und Gründerzentren sowie von Technologietransfereinrichtungen errichtet worden, um Startnachteile zu reduzieren und um einen Ersatz zu schaffen für die weitgehend aufgelösten Forschungs- und Entwicklungsnetzwerke der DDR-Zeit (Materialien 7).

Die vorläufige Bilanz der bisher betriebenen Anstrengungen, die Attraktivität Ostdeutschlands als Wirtschaftsstandort zu verbessern, fällt gemischt aus. Ein hoher Prozentsatz der Investitionen in Ostdeutschland umfaßte die Übernahme von Teilen früherer DDR-Kombinate, deren Verkauf durch die Treuhandanstalt erfolgte. Hierdurch wurden erst einmal keine neuen Unternehmensstandorte begründet, sondern vorhandene wiederbelebt. Der „Aufbau des Neuen" ist in lagegünstigen und dichter besiedelten Regionen wie im Raum Dresden, Halle-Leipzig und entlang der thüringischen Städtekette von Eisenach bis Gera deutlich sichtbar. Peripher gelegene, dünn besiedelte Räume sind dagegen auf den Landkarten von Investoren noch häufig weiße Flecken geblieben. Im Rahmen der Unternehmensansiedlungen sind selten selbständige Unternehmen, aber häufig „verlängerte Werkbänke" geschaffen worden, die von westdeutschen und ausländischen Unternehmenszentralen gesteuert werden. Neugegründete Firmen in ostdeutschem Besitz sind in der Regel kleiner und konzentrieren sich auf wenige Industriezweige (Windolf 1998: 83).

3.1.3 Institutionelle Regelungen in der Bewährungsprobe

Während der Transformationsprozeß der mittel- und osteuropäischen Länder durch eine langwierige und konfliktreiche Suche nach adäquaten Verfassungen, Grundordnungen und institutionellen Regelungen gekennzeichnet war und z.T. immer noch ist, verlief diese Anpassung in Ostdeutschland vergleichsweise kurz und unspektakulär. Ursache hierfür war die starke Vorbildwirkung der Bundesrepublik, deren rechtliches, politisches und verbandliches Korsett in den Beitrittsverhandlungen für praktisch alle Bereiche als „Blaupause" diente. Insofern ist auch die Bezeichnung der deutschen Vereinigung als Beitritt der neuen Länder in das Gebäude der Bundesrepublik gerechtfertigt. In diesem Abschnitt soll die Frage aufgeworfen werden, ob die Übernahme dieses im Verlauf von 40 Jahren immer wieder veränderten und ausdifferenzierten Gebäudes von Regelungen, Institutionen und Verfahren für die ökonomische Entwicklung der neuen Länder von Vorteil war, oder ob im Laufe ihrer Anwendung und Umsetzung auch Schwachstellen – „Erosionserscheinungen" – sichtbar geworden sind, die ein ursprünglich als Vorteil angesehenes Merkmal unversehens zum Standortnachteil werden lassen. Derartige Symptome sind auch deshalb von Interesse, weil sie Hinweise auf generelle Schwächen des „Standort Deutschland" liefern können.

Standortkonkurrenz durch kommunale Autonomie

Vielen Zeitzeugen dieses turbulenten Zeitabschnitts ist nicht mehr bewußt, daß bereits im Frühjahr 1990 noch vor der Wirtschafts-, Währungs- und Sozialunion erste Elemente westdeutscher Institutionen in die DDR übertragen wurden. Dazu zählt die Einrichtung von Arbeitsämtern, aber auch die Verabschiedung einer Kommunalverfassung, die den Kommunen nach einer 33jährigen Unterbrechung wieder kommunale Autonomie gewährte und zu den ersten freien Kommunalwahlen im Mai 1990 führte (Franz 1994b: 100). Diese neugewonnene kommunale Autonomie erwies sich unter dem Gesichtspunkt der Standortentwicklung in Ostdeutschland als äußerst folgenreich. Von den kleineren Gemeinden nutzten insbesondere jene mit Lagevorteilen und verfügbaren freien Flächen den neuen Handlungsspielraum, um Gewerbeflächen auszuweisen und die eigenen Entwicklungschancen zu verbessern. Dieses Expansionsstreben stieß zunächst auf keinerlei übergeordnete raumordnungsrechtliche Schranken, da entsprechende Gesetze und Landesentwicklungsprogramme erst im Jahr 1992 verabschiedet wurden. Aus dieser Konstellation entwickelte sich innerhalb kürzester Zeit das heute vielfach kritisierte Verteilungsmuster von Einkaufszentren und anderen großflächigen Handelseinrichtungen auf der „grünen Wiese“, die dem Einzelhandel in den Innenstädten das Wasser abzugraben drohen. Strittig ist derzeit, ob dieses einmal entstandene Muster durch restriktive Maßnahmen wieder in Richtung westdeutsche Verhältnisse normalisiert werden kann, oder ob darin ein politisch unaufhaltsamer Trend zum Ausdruck kommt, von dem in nächster Zeit auch die westdeutschen Stadtregionen erfaßt werden (Franz et al. 1996: 106f.).

Gewerkschaften, Flächentarifvertrag und Lohnniveau

Als besonderes Markenzeichen des „Modell Deutschland“ galten bis in die jüngste Zeit die rechtlich abgesicherte Tarifautonomie von Arbeitgeber- und Arbeitnehmerverbänden sowie die Existenz von Flächentarifverträgen, die für zwischenbetriebliche Entlohnungsunterschiede nur (übertariflichen) Spielraum nach oben lassen. Die rechtlichen Voraussetzungen für die Übertragung dieser Strukturen auf die neuen Länder wurden durch die am 1. Juli 1990 in Kraft getretene Wirtschafts- und Sozialunion hergestellt. Ein Großteil der bisher in der

Einheitsgewerkschaft FDGB (Auflösung am 30.9.1990) (zwangs-)organisierten Mitglieder trat in die Einzelgewerkschaften des DGB ein – nicht zuletzt in der Hoffnung, auf einen Garanten der Angleichung der Löhne an das westdeutsche Niveau zu setzen und sich abzeichnenden Arbeitsplatzverlusten entgehen zu können. Der zunächst im Vergleich zum Westen höhere Organisierungsgrad in den fünf neugebildeten ostdeutschen DGB-Bezirken schmolz jedoch mit den zunehmenden Entlassungen und Übergängen in den Vorruhestand von 1992 an wieder stark ab. Die ersten Tarifverhandlungen wurden 1990 und im Frühjahr 1991 praktisch stellvertretend von westdeutschen Gewerkschaftsvertretern und westdeutschen Arbeitgebervertretern zu einem Zeitpunkt geführt, als noch kaum nennenswerte Privatisierungen stattgefunden hatten. In diesem korporatistischen Entscheidungsprozeß wurde ein Fahrplan der Angleichung der Tariflöhne für die nächsten Jahre bis 1996 ausgehandelt, welche vor der Währungsumstellung noch bei 7% der Westlöhne (Devisenumtauschrelation) gelegen hatten. „Mit der Währungsumstellung und dem damit verbundenen Aufwertungseffekt vervierfachte sich der in D-Mark-Einheiten ausgedrückte Lohn, und mit den nachfolgenden Tarifverhandlungen wurde ein Zeitplan beschrieben, der im Falle eines unveränderten westdeutschen Lohnniveaus innerhalb von sechs Jahren eine Lohnsteigerung von insgesamt 1.100% oder von 51% im Jahresdurchschnitt entspricht“ (Sinn 1995: 30). Mit diesem Lohnanstieg waren bereits 1993 die Lohnniveaus der USA und Italiens, 1994 die von Norwegen, Schweden und Österreich überschritten (Materialien 8).

Man mag darüber streiten, ob der Aufwertungseffekt durch die Währungsunion samt dem Wegbrechen der osteuropäischen Märkte oder die ausgehandelten Lohnniveaus samt Anstiegsklauseln die Hauptursache für den Deindustrialisierungsprozeß in den neuen Ländern gewesen ist. Jedenfalls ist aus heutiger Sicht zu erkennen, daß die 1991 von westdeutschen Akteuren stellvertretend für ostdeutsche Betriebe und Arbeitnehmer ausgehandelten Tarifabschlüsse sich zwischenzeitlich als wichtige Hemmfaktoren der wirtschaftlichen Entwicklung herausgestellt haben. Während die unter ähnlichen Ausgangsbedingungen in den Transformationsprozeß startenden mittel- und osteuropäischen Staaten ihr niedriges Lohnniveau als Wettbewerbsvorteil und Standortargument vorerst beibehalten haben, steht dies der ostdeutschen Wirtschaft nicht mehr zur Verfügung, obwohl deren mangelnde internationale Wettbewerbsfähigkeit als eine ihrer Achillesfersen gilt. Mit anderen Worten: Die Summe der in Ostdeutschland gezahlten Löhne und Gehälter übersteigt auch noch im Jahr 1997 die Summe der dort erwirtschafteten Güter und Leistungen (Wertschöpfung). Bereits im Jahr 1993 kam es unter Initiative der Arbeitgeber in einigen Branchen zu Nachverhandlungen mit dem Ziel, die Angleichungsstufen zeitlich zu strecken. In der Folgezeit war zu beobachten, daß Unternehmer in steigender Zahl aus den Arbeitgeberverbänden austraten, um diesem „Lohndiktat“ zu entgehen und daß sich Betriebsräte immer häufiger zu außertariflichen Vereinbarungen unterhalb des Tariflohnniveaus bereit erklärten. Ein Blick auf die Effektivlohnentwicklung des Jahres 1993 zeigt, daß nur 5% der ostdeutschen Industrieunternehmen übertarifliche Löhne und Gehälter zahlten, 35% jedoch untertarifliche Löhne und Gehälter, wovon ca. 12% der Industriebeschäftigten betroffen waren (Boje/Schneider 1995: 135f.). „Wie sehr das Fundament kollektiver Tarifverhandlungen bereits unterhöhlt ist, läßt sich daran ablesen, daß inzwischen nur noch ein gutes Viertel der ostdeutschen Industrieunternehmen einem Tarifverband angehört und von diesen Unternehmen wiederum ein gutes Viertel einen Austritt aus dem Tarifverband in Erwägung zieht“ (Pohl/ Schneider 1996: 5) (Materialien 9).

Die Gründe für den Marktaustritt zahlreicher ostdeutscher Unternehmen sind sicher nicht ausschließlich in den Lohnkosten begründet. Jedoch wäre gerade die ostdeutsche Wirtschaft mit ihrer hohen Arbeitslosenrate und der hohen Erwerbsneigung ihrer Bevölkerung darauf angewiesen, alles Erdenkliche zu unternehmen, um die Zahl der Arbeitsplätze zu steigern. Die Verteuerung und Teuerhaltung des Faktors Arbeit ist in dieser Hinsicht *das* probate Mittel, um eben dies zu verhindern. Die Diskrepanz einer 1996 erreichten Gesamtproduktivität von 55% des westdeutschen Werts zu einem gleichzeitig erreichten Effektivlohnniveau von 72% wird unter marktwirtschaftlichen Bedingungen zwangsläufig solange mittels eines Beschäftigungsabbaus reduziert, bis wieder wettbewerbsfähige Relationen (zur westdeutschen Wirtschaft) erreicht werden. Hinzu kommt, daß der Zuschnitt der öffentlichen Wirtschaftsförderung derzeit so wirkt, daß der Einsatz von Kapital und nicht der Einsatz zusätzlicher Einheiten des Faktors Arbeit subventioniert wird. Selbst auf einem hohen Investitionsniveau (und damit bei hohem Wachstum) ist dann nicht eine Ausweitung der Beschäftigung, sondern die Substitution des Faktors Arbeit durch kapitalintensive Anlagen und Maschinen die Folge (Sinn 1995: 41ff.).

Es müßte für die ostdeutsche Tarifpolitik darum gehen, das Lohnniveau für den einzelnen Betrieb von der Produktivität und von der Leistung her verkraftbar zu gestalten. Der Unternehmenssektor in den neuen Ländern besteht noch aus sehr heterogenen Betriebs-clustern (vgl. u. Abschn. 3.1.4) mit sehr unterschiedlicher Ertragssituation. Diesen Differenzierungen müßte eine Tarifpolitik Rechnung tragen, wenn man das Ziel verfolgt, die Institution kollektiver Tarifverhandlungen beizubehalten. Hier ist eine Reihe von Maßnahmen denkbar, die je nach Perspektive dem einen als „Liste der Grausamkeiten" und dem anderen als realistische Vorschläge zur Anpassung des Lohnniveaus an die Leistungsfähigkeit der Unternehmen erscheinen mögen (Materialien 10).

Alles in allem ist die verfahrene Situation bei den Tariflöhnen ein Exempel dafür, daß nicht jede Übertragung einer als Standortvorteil des „Modell Deutschland" angesehenen Eigenschaft – hier: das deutsche Flächentarifmodell mit geringen Streikausfallkosten und Entlastung von innerbetrieblichen Lohnverhandlungen und -konflikten – sich automatisch positiv für den Transformationsprozeß der neuen Länder auswirkt. In diesem Fall hat folgende Interessenkonstellation verschiedener Akteure im Verein mit einer anfänglich unzureichend ausgebildeten Interessenposition der ostdeutschen Unternehmerschaft zu einem Ergebnis wider die ökonomische Vernunft geführt:

- Das in der Frühphase der Vereinigung noch gehegte Vertrauen auf rasche Produktivitätssteigerung und schnellen Markterfolg ostdeutscher Unternehmen,
- das Interesse westdeutscher Gewerkschaften und Arbeitgeber, möglichst keine Niedriglohnkonkurrenz im eigenen Land entstehen zu lassen,
- die Ansprüche der ostdeutschen Erwerbstätigen, so bald wie möglich Anschluß an das westdeutsche Einkommensniveau zu finden und nicht zuletzt
- die Wiederwahlinteressen der Regierungsparteien.

Im Fall der Tarifverhandlungen ist neuerdings sogar zu beobachten, daß die in Ostdeutschland gemachten Erfahrungen, zwischen ertragsstarken und ertragsschwachen Unternehmen differenzieren zu müssen, auch bei Verhandlungen zwischen Gewerkschaften und Arbeitgeberverbänden in den alten Ländern berücksichtigt werden und die in dieser Hinsicht bisher starren Flächentarifverträge flexibler formuliert werden.

Auf allgemeinerer Ebene ist zu konstatieren, daß die bisher gemeinhin als Stärkemerkmal des Standort Deutschland bewertete korporatistische Regelung der Arbeitsbeziehungen an Grenzen stößt, wenn hohe Flexibilität und Anpassung an neue Situationen verlangt werden. Die immer wieder zitierte „Verkrustung" von Strukturen kommt hier beispielhaft zum Ausdruck. Die Erfahrungen mit den neuen Ländern erzeugen diesbezüglich einen heilsamen Zwang zur flexiblen Anpassung, was auf Dauer gesehen nur dem Rückgewinn der Attraktivität des Standort Deutschland dienen kann.

3.1.4 Zum Stand der Angleichung

Im folgenden werden die neuen Länder unter dem Aspekt betrachtet, wie sie sich als Absatz-, Produktions- und Arbeitsstandort in den letzten Jahren entwickelt haben und in welcher Hinsicht sie sich von den alten Ländern unterscheiden.

Ostdeutschland als Absatzstandort

Der Beitritt der neuen Länder zur Bundesrepublik hat dazu geführt, daß die nunmehr 80 Millionen Deutschen mit Abstand den größten nationalen Markt in der EU bilden. Die Ausstattung der ostdeutschen Bevölkerung mit Kaufkraft im Gefolge der Währungsunion sorgte dafür, daß diese Zahl nicht nur auf dem Papier stand, sondern sich in einer steigenden Nachfrage nach Gütern und Dienstleistungen niederschlug. Zur Deckung dieser Nachfrage wurden von westdeutschen und -europäischen Handelsketten innerhalb kurzer Zeit neue Handelsnetze errichtet. Dazu zählen insbesondere das Netz von Verbraucher-, Fachmärkten und SB-Warenhäusern auf der „grünen Wiese", das Netz des Versandhandels und das auf den Pkw ausgerichtete Netz des Kfz-Handels, der Kfz-Werkstätten und der Tankstellen. Aufgrund der Umsetzung neuester Konzepte übertrifft heute der Modernitätsgrad dieser Netze den entsprechender Einrichtungen in den alten Ländern.

Fragt man nach dem Stand der Angleichung beim Warenangebot, so muß man hier differenzieren. Möbel- und Heimwerkermärkte, Pkw-Händler und Reisebüros hatten in den letzten Jahren aufgrund eines größeren Nachholbedarfs überdurchschnittliche Absatzchancen und weisen in ihrer Produktpalette mit der Ausnahme sehr hochpreisiger Artikel kaum Unterschiede zum Westen auf. Dagegen wird bei vielen Fachmarkt- und Kaufhausfilialen in den Innenstädten nach wie vor bemängelt, das hier noch deutliche Ost-West-Unterschiede in der Qualität der angebotenen Waren anzutreffen sind.

Für eine dauerhafte Absicherung der Kaufkraft, die inzwischen auf 75% des westdeutschen Werts gestiegen ist, sorgen trotz hoher Arbeitslosigkeit bis auf weiteres die auf die neuen Länder übertragenen Systemkomponenten der sozialen Sicherung. Besondere Vorteile aus den Regelungen der sozialen Sicherung ziehen bislang die Rentner-Haushalte: Da von vielen Paaren im Rentenalter Mann *und* Frau über längere Erwerbsbiographien verfügen, addieren sich beide Rentenansprüche zu stattlichen Haushaltseinkommen. Hiervon begünstigt sind auch die Renteneinkommen der seit 1990 verwitweten Personen. Die ostdeutschen 2-Personen-Rentnerhaushalte geben inzwischen mehr Geld für Freizeitzwecke aus als ihre westdeutschen Pendants.

Ostdeutschland als Produktionsstandort

Für viele Ökonomen und Wirtschaftspolitiker ist eine erfolgreiche wirtschaftliche Entwicklung immer noch an einen Zuwachs der Arbeitsplätze in der Industrie gebunden. Dementsprechend steht seit 1991 das Bemühen, die in kurzer Frist deindustrialisierten neuen Länder wieder als wettbewerbsfähigen Produktionsstandort aufzubauen, im Zentrum wirtschaftspolitischer Maßnahmen. Ein wichtiger Teil der Maßnahmen begünstigt die Investitionen westdeutscher und ausländischer Industrieunternehmen, sofern diese ostdeutsche Unternehmen übernehmen, Filialen errichten oder ihren Betrieb dorthin verlagern wollen. Aufgrund der Förderung hat sich in den neuen Ländern eine zweigeteilte industrielle Standortstruktur herausgebildet. Auf der einen Seite existieren Reste der früheren „industriellen Kerne“, wobei Betriebsteile meist in der Regie von Großkonzernen weitergeführt und umgestaltet werden. Daneben ist es zum Aufbau neuer Industriebetriebe in neu erschlossenen und verkehrsgünstig gelegenen Gewerbegebieten im Umland von Großstädten gekommen. In besonders verkehrsgünstigen Lagen (Autobahnanschluß!) erfolgten auch Ansiedlungen außerhalb städtischer Agglomerationen. Das große Fördersatzgefälle zwischen alten und neuen Ländern hat in mehreren Fällen bereits zu kleinräumigen Betriebsverlagerungen im Einzugsbereich der früheren innerdeutschen Grenze zwischen Hof und Lübeck geführt.

Die Unternehmenslandschaft in den ostdeutschen Städten wird derzeit von einem Nebeneinander dreier verschiedener Organisationsformen geprägt. Dies sind (1) jene Betriebe, die bereits in der DDR bestanden haben, zwischenzeitlich von der Treuhandanstalt verwaltet wurden und mittlerweile auf vielfältigen Wegen privatisiert und umstrukturiert worden sind. Die Unternehmenslandschaft wird ferner gebildet (2) von den „westlichen Zweigbetriebe(n) und Tochterunternehmen, in denen zwar die avanciertesten Produktionstechniken und Organisationskonzepte zum Einsatz kommen, die allerdings aufgrund ihrer schwachen regionalwirtschaftlichen Integration kaum über den Enklavenstatus von ‚Kathedralen in der Wüste' hinauskommen" (Grabher 1994: 30). Abgesehen von solchen „Vorzeigebetrieben" sind viele Zweigbetriebe westlicher Unternehmen dem Typ der „verlängerten Werkbänke" zuzuordnen, die – fern von der Unternehmenszentrale – in Zeiten konjunktureller Krisen am ehesten von Arbeitsplatzabbau und Schließung bedroht sind. Zur Unternehmenslandschaft in den ostdeutschen Städten gehört darüber hinaus (3) der Block der von Ostdeutschen neu gegründeten Unternehmen, die zumeist auf regionale Absatzmärkte ausgerichtet sind.

Trotz industrieller Neugründungen und der Vielzahl von Förderprogrammen ist es bisher nicht gelungen, den Anteil der Industriebeschäftigten dem entsprechenden westdeutschen Wert wieder anzunähern.

Ostdeutschland als Arbeitsstandort

Die kurz nach der Vereinigung von den Tarifpartnern getroffenen Entscheidungen haben die neuen Länder auf den Entwicklungspfad hin zu einem Hochlohnland gesetzt. Von der anfänglichen Zuversicht, dies in einem fünfjährigen Zeitraum zu bewältigen, ist in der Zwischenzeit nichts mehr übrig geblieben. Im Gegenteil: Das in Westdeutschland über lange Jahre erfolgreiche Modell korporatistischer Tarifpolitik ist aufgrund seiner Nichtübertragbarkeit auf die ostdeutschen Verhältnisse in eine tiefe Krise geraten und wird von Arbeitgeber- wie von Gewerkschaftsseite ständig unterlaufen. Ohnmächtig beobachten ostdeutsche Bauarbeiter, wie Baufirmen legal oder illegal auf billigere ausländische Arbeitnehmer zurückgreifen und der ausgehandelte Tariflohn für sie selbst praktisch eine nicht intendierte aussperrende Wirkung entfaltet.

Von seiten des Staates wurden eine Vielzahl von arbeitsmarktpolitischen Maßnahmen auf den Weg gebracht und von den Verwaltungen der Arbeitsämter umgesetzt, um die aus dem ersten Arbeitsmarkt herausfallenden Arbeitnehmer durch Qualifizierungs-, Umschulungs- und Arbeitsbeschaffungsmaßnahmen zumindest zeitweilig in einen zweiten Arbeitsmarkt zu integrieren. Bemerkenswert ist, daß unter Einbezug der Stellen auf diesem zweiten Arbeitsmarkt die Erwerbstätigenquote (Anteil der Beschäftigten an der Gesamtzahl der Personen im erwerbsfähigen Alter) in den neuen Ländern leicht über der entsprechenden Quote in den alten Ländern liegt (Materialien 11). Trotzdem übersteigt die ostdeutsche Arbeitslosenquote deutlich die in Westdeutschland, da insgesamt in den neuen Ländern eine höhere Erwerbsneigung zu verzeichnen ist. Vor allem die ostdeutschen Frauen sind nicht bereit, auf die in der DDR-Zeit erlebte Integration ins Berufsleben zu verzichten und stehen dem Arbeitsmarkt in deutlich höherem Maß zur Verfügung als die Frauen in Westdeutschland.

Trotz der hohen Arbeitslosenquote erfährt der Arbeitsmarkt der neuen Länder nicht nur Abwanderungen Einheimischer in den westdeutschen Arbeitsmarkt, sondern auch Zuströme von Westdeutschen und Ausländern. Während Ausländer vor allem auf niedrigqualifizierte Arbeitsplätze drängen – vorzugsweise in der Baubranche –, nehmen zuwandernde Westdeutsche in der Regel Positionen ein, für die ein Hochschulabschluß erforderlich ist und für deren Besetzung das Angebot an ostdeutschen Bewerbern noch zu gering ist. Für eine kontinuierliche Besetzung solcher höherqualifizierten Arbeitsplätze erweist sich zunehmend der Entwicklungsstand der weichen Standortfaktoren als limitierender Faktor.

3.1.5 Schlußfolgerungen

Kehren wir abschließend zurück zu der zentralen Frage, wie sich das „Modell Deutschland" bei der Jahrhundertaufgabe der Integration der ehemaligen DDR bewährt hat, und ob es dabei selbst Veränderungen unterzogen worden ist. Da der Prozeß der Integration noch nicht als abgeschlossen betrachtet werden kann, ist es vorläufig nur möglich, ein Zwischenfazit zu ziehen.

Die Entscheidungen im Laufe des Jahres 1990 über die Art und Weise des Vereinigungsprozesses erfolgten auf Seiten der Bundesrepublik zweifelsohne aus einer Position der Stärke, des Selbstvertrauens darüber, daß sich die Elemente des eigenen propagierten und gelebten Systems gegenüber dem sozialistisch-kommunistischen Systemtyp durchgesetzt hatten – ohne daß es dazu einer militärischen Auseinandersetzung bedurft hätte! Gegenüber der Anziehungskraft des marktwirtschaftlich-demokratischen Systems und den damit verbundenen Aussichten der Übernahme des dort erreichten Konsumstandards verblaßten die Vorstellungen der Wende-Initiatoren von reformierten sozialistischen Varianten sehr schnell. Dementsprechend fielen auch die Entscheidungen, das institutionelle Gerüst der Bundesrepublik möglichst schnell und übergangslos auf Ostdeutschland zu übertragen und den Individuen (nicht den Unternehmen!) durch entsprechende Modalitäten der Währungsunion Kaufkraft und damit günstige Startchancen für die Partizipation am erreichten Wohlstandsniveau zu verschaffen. Das politische und wirtschaftliche Eigeninteresse westdeutscher „Wende-Gewinner" trug zu dieser Entscheidung zusätzlich bei. Diese Position des Selbstvertrauens und der Stärke wurde noch untermauert durch die Verabschiedung milliardenschwerer Programme, die (damals noch als vorübergehend angesehene) soziale Härten abfedern sowie den Aufbau einer Infrastruktur und Wirtschaft nach westdeutschem Muster gewährleisten und damit eine vergleichbare Standortqualität herbeiführen sollten. Wie im folgenden Abschnitt zu Mittel- und Osteuropa gezeigt wird, befand sich Ostdeutschland im Vergleich zu diesen Ländern in einer privilegierten Situation, da diese den Transformationsprozeß ohne den Beistand eines „großen Bruders" bewältigen müssen (Wiesenthal 1996: 10ff.).

Mit der zügigen Umsetzung des Institutionentransfers, dem Aufbau zentraler Infrastruktureinrichtungen und der raschen marktmäßigen Erschließung und Versorgung der neuen Länder durch den Handel hat das System seine Leistungsfähigkeit anfangs eindrucksvoll unter Beweis gestellt. Mit der Fortsetzung der West-Ost-Transferströme von Jahr zu Jahr auf hohem Niveau und – länger als erwartet – anhaltenden Defiziten der Wirtschaft in puncto Produktivität, Export und Wettbewerbsfähigkeit ist diese anfängliche Position der Stärke und des großen Selbstbewußtseins jedoch zunehmend Verunsicherungen ausgesetzt. Mehr noch – die Zahl der Rückmeldungen steigt, daß mehrere der in der Vergangenheit erfolgreich eingesetzten Instrumente mit anhaltender Anwendungsdauer in den neuen Ländern unerwünschte Nebenwirkungen hervorrufen.

An zwei Beispielen aus dem ökonomischen Bereich sei dies verdeutlicht:

(1) Die massive Förderung von Investitionen in Ostdeutschland wurde beschlossen, um gravierende Standortnachteile zumindest teilweise zu kompensieren. Zur gleichen Zeit wie die Investitionsförderung wurden aber auch die Festlegungen über die Höhe der zu zahlenden Tariflöhne für die potentiellen Investoren entscheidungswirksam. „Die Situation ist verfahren: Die hohen Lohnkosten machen viele Investitionen am Standort Ostdeutschland unrentabel, und auch dafür muß die Wirtschaftspolitik einen Ausgleich schaffen. Im Endeffekt dient also mindestens ein Teil der Wirtschaftsförderung dazu, hohe Lohnkosten zu alimentieren" (DIW/IfW/IWH 1997: 35).

(2) Seit 1991 versucht die Bundesregierung über die Bundesanstalt für Arbeit mit vielfältigen Maßnahmen, arbeitslose Personen wieder in Erwerbstätigkeit zu bringen. Diese Maßnahmen haben einen sogenannten zweiten Arbeitsmarkt begründet (Materialien 11), der als Übergangslösung gedacht war, bis in einer sich neu entfaltenden Wirtschaft wieder ausreichend viele Arbeitsplätze angeboten würden. In der Zwischenzeit hat sich diese Übergangslösung zu einer Dauereinrichtung gewandelt, und immer mehr Personen halten sich in diesem Arbeitsmarktsegment dauerhaft auf. Der Verbleib im zweiten Arbeitsmarkt wird auch dadurch attraktiv, daß die Arbeitsämter sich für die Lohnbemessung an den Tariflöhnen orientieren, welche von den lokalen privaten Unternehmen häufig unterschritten werden. Darüber hinaus wurden Beschäftigungsgesellschaften mit ABM-Kräften gegründet, die in einigen Bereichen (z.B. Landschafts- und Gartenbau) für die dort entstandenen privaten Unternehmen aufgrund des in ihren Angeboten ausgeklammerten Lohnkostenanteils eine erhebliche Konkurrenz darstellen. „Die Folge sind Verzerrungen des Wettbewerbs zu Lasten jener Betriebe, die sich aus eigener Kraft am Markt behaupten müssen" (DIW/IfW/IWH 1996: 36).

An diesen Beispielen und anderen (z.B. der Strategie zur Erhaltung industrieller Kerne) zeichnet sich ab, daß im Prozeß der wirtschaftlichen Transformation der neuen Länder eine Phase erreicht ist, in der sich verschiedene politische Strategien gegenseitig immer häufiger blockieren, und zwar nicht nur sozialpolitische und wirtschaftspolitische, sondern auch wirtschaftspolitische untereinander. Die Förderpolitik läuft Gefahr, sich in einer Flut von Förderprogrammen zu verzetteln und aufgrund der Vielzahl von Akteuren (Bund, Länder, EU, Förderinstitute und -banken, Verbände) nicht aufeinander abgestimmte Programme, Parallelförderung und Kompetenzstreitigkeiten zu produzieren.

Die Anforderungen an den Standort Deutschland, die sich hieraus ergeben, sind einem „Weiter so!" entgegengerichtet und wären keinesfalls durch eine nochmalige Intensivierung des Transfermittelflußes zu bewältigen. Die anstehenden Probleme erfordern vielmehr die Erkundung neuer Lösungswege und größere Flexibilität in der Anwendung vorhandener Maßnahmen.

Wurde der Standort Deutschland durch den „Kraftakt Vereinigung" bereits geschwächt? Eine Schwächung wurde dadurch hervorgerufen, daß ein Teil der Vereinigungskosten auf die Sozialversicherten und damit auch über Arbeitgeberbeiträge auf die Unternehmen abgewälzt wurden. Dies treibt die Lohnnebenkosten hoch und wirft zudem verteilungspolitische Probleme auf. Ferner hat die Vereinigung zu einer steigenden Verschuldung der öffentlichen Haushalte geführt, ein Umstand, der die Handlungsautonomie und Gestaltungsfähigkeit der Politik beschneidet.

Wird der Standort Deutschland durch den „Kraftakt Vereinigung" zukünftig geschwächt? Er würde jedenfalls geschwächt, wenn sich erweisen sollte, daß die bisherigen Maßnahmen nur eine neue Subventionsmentalität erzeugt hätten und daß die ostdeutsche Bevölkerung auf Dauer ihren Wohlstand vom Westen „ausleihen" müßte. Dies würde früher oder später zu intensiveren Ost-West-Verteilungskonflikten führen. Er würde nicht geschwächt, wenn die deutsche Vereinigung als Lernprozeß genutzt würde, der Schwachstellen bisher praktizierter Regelungen sichtbar macht und auch Chancen enthält, Neues auszuprobieren. Neue Wege in den westdeutschen Tarifverhandlungen sind erste Anzeichen, daß ein solcher Lernprozeß eingesetzt hat.

3.2 Der Umbruch in Osteuropa

Der Riß des Eisernen Vorhangs im Jahr 1989 machte nicht nur den Weg frei für die deutsche Vereinigung, sondern bewirkte zur gleichen Zeit, daß sich die Gesellschaften zwischen Prag und Kiew sowie zwischen Tallinn und Skopje auf einen Transformationspfad begaben, dessen Ausgang auch heute noch ungewiß erscheint. Der Umbruch verlief bisher immerhin so turbulent, daß dieses vormals in acht Staaten untergliederte Territorium des kommunistischen Machtbereichs nunmehr unter 18 Nationalstaaten aufgeteilt ist, wobei die Teilung Jugoslawiens von einem blutigen mehrjährigen Bürgerkrieg begleitet war. Zur Friedenssicherung ist noch heute (1998) ausländisches Militär erforderlich.

Die Vielzahl der eingeschlagenen Transformationspfade, ihre Unterschiede und Ungleichzeitigkeiten können einen als Beobachter zu dem resignativen Urteil führen, daß ihr einziges gemeinsames Merkmal eben diese Unterschiedlichkeit ist. Um diese Komplexität etwas zu reduzieren, wird die folgende Betrachtung weitgehend auf die fünf Länder Polen, Tschechien, Slowakei, Ungarn und Slowenien eingeschränkt. Diese in der Freihandelszone CEFTA (Central European Free Trade Area) zusammengeschlossenen Länder liegen in räumlicher Hinsicht Deutschland am nächsten und gelten als die aussichtsreichsten Kandidaten für eine Vollmitgliedschaft in der EU innerhalb des nächsten Jahrzehnts. Sie repräsentieren eine Bevölkerung von 67 Millionen, sind mit ihrer Fläche von insgesamt 554.000 qkm um 55% größer als Deutschland und weisen von den 18 mittel- und osteuropäischen Staaten das höchste monatliche Pro-Kopf-Einkommen im Bereich zwischen 315 US-Dollar (Slowakei) und 400 US-Dollar (Slowenien) auf.

Auf den folgenden Seiten geht es darum, den unterschiedlichen Verlauf der Transformation in den osteuropäischen Ländern im Vergleich zu Ostdeutschland aufzuzeigen (3.2.1). Diese Unterschiede erklären z.T. auch die Probleme, welche bei der Integration dieser Länder in die internationale Arbeitsteilung auftreten (3.2.2). Die beiden letzten Abschnitte befassen sich damit, welche Rückwirkungen Osteuropa als Standortkonkurrent (3.2.3) und als Wirtschaftspartner (3.2.4) auf den Standort Deutschland ausübt. Ein Resümee (3.2.5) zieht eine erste Bilanz und macht auf Risiken aufmerksam.

3.2.1 Übereinstimmungen und Unterschiede im Vergleich zur Transformation Ostdeutschlands

Die osteuropäischen Staaten und die DDR befanden sich von 1989 an in der identischen Situation, innerhalb kürzester Zeit Mittel und Wege finden zu müssen, ihr jeweiliges System der zentralistisch-bürokratischen politischen Herrschaft und Planwirtschaft in demokratische und marktwirtschaftliche Systemelemente überzuführen. Erforderlich war praktisch die Umgestaltung nahezu sämtlicher gesellschaftlicher Teilsysteme (Materialien 12) – und dies nicht nacheinander in wohlgeordneten Schritten, sondern möglichst gleichzeitig und ohne die Möglichkeit, sich an geschichtlichen Erfahrungen zu orientieren: „Die Stufen eines Prozesses, die im westeuropäischen ‚Normalfall' in einer über Jahrhunderte gestreckten Sequenz (vom Nationalstaat zum Kapitalismus zur Demokratie) bewältigt wurden, müssen also in Osteuropa nahezu synchron durchlaufen werden" (Offe 1994: 65). Welche Vielzahl an schwerwiegenden Entscheidungen und Verträgen innerhalb kurzer Zeit getroffen und abgeschlossen wurden, veranschaulicht die Zeittafel für den 1991 neu gegründeten Staat Slowenien (Materialien 13).

In der ersten Phase des Umbruchs besaß die Umgestaltung des politischen Systems absolute Priorität. Die in ersten freien Wahlen und Referenden gewählten neuen Vertreter demokratischer und bürgerrechtlicher Prinzipien ersetzten die entmachteten sozialistischen Eliten („Nomenklatura") zumindest teilweise und unternahmen die ersten Schritte hin zu neuen freiheitlicheren Verfassungen.

Gemeinsam ist den Staaten im ehemaligen sowjetischen Machtbereich ferner die Erfahrung des wirtschaftlichen Zusammenbruchs. Der Zerfall der Handelsbeziehungen zwischen den Staaten innerhalb des sowjetischen Machtbereichs (RGW-Block) führte in allen Nationalökonomien zu einem Einbruch der industriellen Produktion, die – mit Ausnahme Polens – ihren Tiefpunkt 1992 erreichte und seitdem wieder allmählich ansteigt (Materialien 14). Den schnellsten und tiefsten Einbruch erlebte dabei Ostdeutschland, bedingt durch die frühe Währungsumstellung und den damit verbundenen Aufwertungseffekt bei den Güterpreisen (vgl. o. S. 34).

Diese frühe „Flucht" unter die Flügel einer der stärksten Weltwährungen war aber zugleich eine der Ursachen dafür, daß sich Ostdeutschland fortan auf einem Transformationspfad bewegte, der von dem aller osteuropäischen Länder abweicht. Dort standen am Anfang des langen Weges der Integration in die Weltwirtschaft radikale Abwertungen der nationalen Währungen. Dies hatte wiederum zur Folge,

a) daß die in Osteuropa erzeugten Güter auf dem Weltmarkt vom Preis her konkurrenzfähig blieben,

b) daß das Lohnniveau weit hinter dem ostdeutschen zurückblieb (Materialien 15),
c) daß sich Arbeitslosigkeit in geringerem Maße bildete als in Ostdeutschland (Materialien 16) und
d) daß die Lebenshaltungskosten stärker stiegen als in Ostdeutschland (Materialien 17).

Zu a): Die osteuropäischen Länder hatten aufgrund ihrer Produktionsstrukturen, die auf den Güteraustausch innerhalb des RGW-Blocks ausgerichtet waren, zwar ebenfalls herbe Produktionseinbrüche zu verzeichnen, konnten aber abwertungsbedingt einheimische Rohstoffe und Industriegüter zu sehr günstigen Preisen anbieten. Aus diesem Grund behielt der Export einen deutlich höheren Stellenwert als im ostdeutschen Fall und trug in Verein mit dem expandierenden Dienstleistungssektor zu einem sich beschleunigenden Wirtschaftswachstum ab 1992 bei. In Ostdeutschland kam es von 1992 an ebenfalls zu positiven Wachstumsraten. Diese Expansion wurde aber in wesentlichen Teilen vom Bausektor getragen und ging entsprechend zurück, als 1996 eine lange Frostperiode und auslaufende Investitionsprogramme im Telekommunikationsbereich zusammen trafen (Gabrisch 1997b: 3).

Zu b): Anders als in Ostdeutschland gaben die Regierungen Osteuropas ihren Bevölkerungen zu verstehen, daß mit der ökonomischen Transformation keine schnelle Angleichung an westeuropäische Einkommensstandards erreicht werden könnte. In einigen Ländern wie z.B. in Tschechien waren die Arbeitnehmer sogar bereit, zunächst Einbußen im Realeinkommen hinzunehmen. Dazu beigetragen hat das dort durchgeführte Privatisierungsprogramm, in dessen Verlauf die Bevölkerung Beteiligungen an bislang staatlichen Unternehmen erwerben konnte. „Bereits 1993 ... war der Marktwert eines durchschnittlichen Aktienportfolios auf ungefähr das Sechsfache des durchschnittlichen Bruttomonatslohns gestiegen“ (Gabrisch/Schneider 1997: 8). Zusätzlich sorgten in Polen und Tschechien Lohnzuwachssteuern für die Betriebe für moderate Lohnanstiege unterhalb des Produktivitätszuwachses.

Zu c): Die Arbeitslosenquoten variieren zwischen den osteuropäischen Ländern beträchtlich, liegen aber durchweg noch unterhalb der ostdeutschen Werte. Bemerkenswert ist in zahlreichen Ländern Osteuropas die relativ schnelle Stabilisierung der Erwerbstätigkeit nach dem

Zusammenbruch des planwirtschaftlichen Systems. Dies liegt z.T. an der in Osteuropa noch größeren Bedeutung des Staats als Arbeitgeber, an einer Ausdehnung der Tätigkeiten im Dienstleistungssektor und an den wiedererstarkenden exportorientierten Teilen der Industrie. Den größten Kontrast zu Ostdeutschland bildet der Arbeitsmarkt in Tschechien, wo 1995 mit einer Arbeitslosenquote von 3% praktisch Vollbeschäftigung erreicht wurde.

Zu d): Während die ostdeutsche Preissteigerungsrate dem sehr niedrigen westdeutschen Wert mit unter 2% inzwischen nahezu entspricht, liegen die Werte der CEFTA-Länder deutlich höher (Materialien 17). Die Extreme bildeten im Jahr 1996 die Slowakei (5,4%) und Ungarn (23,5%; Werner 1997: 10). Von 1991 aus gesehen zeigt der generelle Trend für alle Länder nach unten. Ursachen für Anstiege der Verbraucherpreise liegen in der immer noch anhaltenden Anpassung staatlich festgesetzter (administrierter) und subventionierter Preise an (meist höhere) Marktpreise und zunehmend in der Verteuerung von zunehmend nachgefragten Importgütern, deren Preise nach jeder Abwertung sprunghaft steigen.

Aus dem Vergleich der Transformationspfade Osteuropas mit dem in Ostdeutschland geht hervor, daß die wirtschaftspolitische Maxime von Bundesregierung und Bundesbank, auch nach der Vereinigung am Ziel größtmöglicher Geldwertstabilität festzuhalten, ein schweres Handikap für den ökonomischen Aufholprozeß darstellt. In Osteuropa sorgte in der ersten Hälfte der 90er Jahre eine Kombination von wechselkurspolitischen (Abwertungen) sowie einkommens- und beschäftigungspolitischen Maßnahmen (Privatisierungsbeteiligungen, Förderung der Selbständigkeit, Indexierung von Löhnen) für eine wesentlich flexiblere Steuerung des Transformationsprozesses in Richtung auf eine selbsttragende Entwicklung. Allerdings führt auch für die osteuropäischen Länder und ihre Bevölkerungen dieser Entwicklungspfad an zahlreichen Klippen entlang.

3.2.2 Die Einbindung in die internationale Arbeitsteilung – Auf klippenreichem Integrationspfad

Während Ostdeutschland im Jahr 1990 fast übergangslos – schockartig – vollberechtigtes Mitglied im „Klub der westlichen Marktwirtschaften“ wurde, haben die osteuropäischen Länder eine längere Wegstrecke zurückzulegen, um an dieses Ziel zu gelangen. Im Hinblick auf das angestrebte Ziel der Einbindung in die OECD und in die EU sind in verschiedenen Bereichen Prozesse in Gang gesetzt worden, um bestimmte Voraussetzungen und Aufnahmebedingungen Schritt für Schritt zu erfüllen. Dazu zählen die Liberalisierung und Deregulierung der Binnen- und Außenwirtschaft, die Privatisierung staatlicher Betriebe, die Errichtung marktkonformer Institutionen und die Bevorzugung stabilitätspolitischer Ziele in der Wirtschaftspolitik. Dieser von den osteuropäischen Ländern eingeschlagene Weg beinhaltet bestimmte Risiken, da zum einen nicht alle diese Prozesse autonom gestaltet werden können, sondern Einflüssen und Interessen von außen unterliegen. Zum andern entfalten über längere Zeit angelegte Prozesse eine Eigendynamik, die dazu führen kann, daß ursprünglich angestrebte Ziele verfehlt werden.

Liberalisierung und Deregulierung

Von 1990 an betreiben die osteuropäischen Länder die schrittweise Öffnung ihrer Wirtschaften in Form von bi- und multilateralen Verträgen, die den Import und Export bestimmter Gütergruppen betreffen. Die Liberalisierung der Außenwirtschaft stellt einen wichtigen Indikator für die Integration in die internationalen Märkte dar. Dementsprechend sind die Transformationsländer im Rahmen ihrer Verträge mit der WTO (World Trading Organization) und der EU Verpflichtungen eingegangen, ihre Güter- und Kapitalimporte innerhalb weniger Jahre zu liberalisieren. Diese Maxime, so schnell wie möglich zu liberalisieren und zu deregulieren, ist aber für die krisenanfälligen Länder nicht ungefährlich, da durch erleichterte Importmöglichkeiten die Risiken steigen, daß das außenwirtschaftliche Gleichgewicht verloren geht. Dieser Verlust des Gleichgewichts in Form einer in den negativen Bereich abrutschenden Leistungsbilanz bedroht wiederum die Währungsstabilität, indem Abwertungsdruck entsteht, und erhöht die Verschuldung.

Es ist heute kaum noch bekannt, daß in Westdeutschland im Februar 1951 von Ludwig Erhard eine Zwangsbewirtschaftung der Importe eingeführt wurde, um die drohende Zahlungsunfähigkeit gegenüber wichtigen in der EZU (Europäische Zahlungs-Union) zusammengeschlossenen Partnerländern zu umgehen. „Begleitet wurde diese Politik durch eine restriktive Geld- und Einkommenspolitik. Ihre Folgen waren Exportüberschüsse im Handel mit der EZU und eine Inflation von nahezu Null. Damit wurde der Weg der DM in die Unterbewertung als Grundlage des Wirtschaftswunders eingeschlagen" (Gabrisch 1997b: 13). Dieser Weg ist für die osteuropäischen Länder heute um so schwieriger zu beschreiten, als Liberalisierung und Deregulierung einer Volkswirtschaft als Werte an sich hochgehalten werden und Verstöße dagegen negativ kommentiert und als Vertragsverletzung sanktioniert werden.

Daneben fordern die westlichen Handelspartner parallel zum Ausbau der Handelsbeziehungen, bisher aufrechterhaltene staatliche Subventionen für bestimmte Güterbereiche (z.B. Energie) abzubauen, um die Marktchancen ihrer Güter in Osteuropa zu verbessern. Trotz dieser Bestrebungen nach Liberalisierung blieben bisher wichtige Märkte wie z.B. der Markt für landwirtschaftliche Produkte in Ost wie in West aus protektionistischen Interessen heraus noch weitgehend abgeschirmt.

Privatisierung

Der Erfolg der Transformationsbemühungen osteuropäischer Volkswirtschaften wird häufig daran gemessen, in welchem Ausmaß es gelungen ist, bislang staatliche Betriebe zu privatisieren. Diese Sichtweise scheint berechtigt, sobald man davon ausgeht, daß eine weitgehend privatisierte Unternehmenslandschaft auch als Standortfaktor bedeutsam ist, d.h. ausländischen Unternehmen eine Ansiedlung erleichtert. Im Hinblick auf die Privatisierung sind die osteuropäischen Länder bisher sehr unterschiedliche Wege gegangen. Angesprochen wurde bereits das tschechische Beispiel einer breit gestreuten Privatisierung über Anteilscheine, für die alle erwachsenen Bürger bezugsberechtigt waren. Parallel dazu wurden auch andere Strategien der Privatisierung praktiziert, wie die Versteigerung kleinerer Gewerbe- und Handwerksbetriebe und der Erwerb größerer Firmen durch ausländische Investoren oder durch die bisherigen leitenden Angestellten (Management-Buy-Out). Im Vergleich dazu verlief in Polen die Privatisierung zeitverzögert an, wobei 15 staatlich organisierte Investmentfonds gegründet und Vermögensanteile an Betriebsangehörige veräußert wurden (Kosta 1997: 8).

Trotz der sehr vielseitigen Privatisierungsbemühungen ist der Anteil der bei der öffentlichen Hand Beschäftigten in den osteuropäischen Ländern immer noch hoch und lag in Tschechien Ende 1994 bei ca. 40%. Diesbezüglich besteht die Gefahr, daß mit der Zeit ein Rest unrentabler und als unverkäuflich geltender Unternehmen in staatlicher Hand verbleibt, die mit der Zeit mehr und mehr Subventionen für ihren Weiterbetrieb benötigen. So arbeitet z.B. in Polen „ein Großteil der Kohlebergwerke unrentabel, kann aber aus politischen Gründen nicht geschlossen werden. Etwa 25% der Beschäftigung gelten als Überbeschäftigung. Der Exportpreis wird derzeit durch hohe Inlandspreise subventioniert" (Gabrisch 1997a: 19).

Aufbau marktkonformer Institutionen

Wie in Ostdeutschland mußten in Osteuropa staatlicherseits Institutionen neu errichtet werden, die die Aufgaben zu übernehmen hatten, Vorgaben des Gesetzgebers umzusetzen (z.B. Arbeitsämter, Kartellämter) und organisatorische Vorkehrungen für den Weg in die Privatwirtschaft zu treffen (Privatisierungsbehörden, Vermögens- und Investmentfonds). Daneben wurde die Gründung von Verbänden, Gewerkschaften und Banken gefördert, die für das Funktionieren einer Marktwirtschaft unverzichtbar sind. Im Prozeß der Etablierung solcher Institutionen hat sich gezeigt, daß die Knappheit an geeignetem Personal der zentrale Engpaß ist und noch allzu oft verhindert, daß die betreffenden Einrichtungen dauerhaft marktgerecht funktionieren. Hier treten immer wieder Erblasten des vergangenen Wirtschafts- und Gesellschaftssystems in Form von Verhaltensweisen zum Vorschein, die rechtsstaatliche und ethische Normen verletzen und mangelndes fachliches Know-how signalisieren. Personen, die über Jahrzehnte hinweg gewohnt waren, in einer Schattenwirtschaft zu agieren, sind nicht immer in der Lage, ihr Verhalten – wie z.B. die Hinterziehung von Steuern – von heute auf morgen zu ändern. Weitere Probleme sind die hohe Insolvenzrate bei Privatbanken, die Vergabe von ungerechtfertigten Krediten und ein hohes Ausmaß an Verfilzung zwischen Banken, Investmentfonds und Unternehmen (Kosta 1997: 11). Angesichts des hohen Realzinsniveaus in Osteuropa wäre es wichtig, daß gerade unter Banken der Wettbewerb funktioniert, um zum einen zu niedrigeren Kreditzinsen zu gelangen und um zum andern die Aufnahme von (zinsgünstigeren) Krediten im Ausland zu verringern, die sich ungünstig auf die Leistungsbilanz auswirken.

Priorität für stabilitätspolitische Ziele

Mit dem Streben, die Aufnahmekriterien für die OECD, WTO, IWF (Internationaler Währungsfonds) oder EU zu erfüllen, verpflichteten sich die osteuropäischen Länder praktisch, in ihrer Wirtschaftspolitik strenge Stabilitätsziele zu verfolgen und Auflagen dieser Organisationen zu entsprechen. Diese Stabilitätspolitik war insbesondere darauf gerichtet, die staatliche Verschuldung gering zu halten, die Geldmenge nicht stärker als die Devisenreserven steigen zu lassen, den Anstieg der Lohneinkommen zu bremsen und in bestimmten Abständen Abwertungen vorzunehmen. Diese Politik wurde bisher am konsequentesten in Tschechien und am wenigsten entschieden in Ungarn durchgeführt. Internationale Organisationen wie der IWF sind in manchen Ländern an der Durchführung stabilitätspolitischer Maßnahmen direkt beteiligt, wenn sogenannte „currency boards" eingerichtet wurden, um stark von Abwertung betroffene Währungen durch Restriktionen der Geldmenge zu restabilisieren und an Ankerwährungen (meist D-Mark oder Dollar) zu binden.

Wie bereits angesprochen, geraten diese Ziele aber zunehmend in Konflikt mit den Ansprüchen internationaler Organisationen auf eine noch weitergehende Liberalisierung der Güter- und Kapitalmärkte. Bereits im Jahr 1995 traten bei einigen CEFTA-Ländern Leistungsbilanzdefizite auf, die sich 1996 noch vergrößerten und nun alle Länder betreffen. Diese Defizite rühren von verstärkten Importen, insbesondere technisch hochwertiger Maschinen und Transportausrüstungen her. Diese Güter werden zunehmend benötigt, um die verschlissenen Produktionsanlagen zu erneuern – ein Substitutionsprozeß, der im Unterschied zu Ostdeutschland bisher erst zögerlich angelaufen ist.

Zwischenresümee

Die zunehmenden Liberalisierungs- und Deregulierungsschritte der osteuropäischen Länder fördern den Eindruck, daß sie sich nach einem anfänglichen transformationsbedingten Einbruch ihrer Wirtschaftsleistung nunmehr auf einem stabilen Wachstumspfad bewegen. Die bisherigen Erfahrungen der osteuropäischen Transformationsländer auf diesem Pfad der marktwirtschaftlichen Entwicklung machen jedoch deutlich, daß er sehr steinig ist, und die Steuerung dieses Prozesses eine komplexe Aufgabe darstellt. Eine dieser potentiellen Klippen entsteht, wenn die Liberalisierung und Deregulierung osteuropäischer Wirtschaften so schnell betrieben wird, daß die Importe weit dynamischer steigen als die Exporte. Dann droht den Leistungsbilanzen durch einen kräftigen Importsog bei technisch hochwertigen Gütern ein Minus, und die mühsam erreichten Fortschritte bei der Währungsstabilität drohen verloren zu gehen. Eine Stärkung marktwirtschaftlicher Elemente würde dagegen eine beschleunigte Privatisierung staatlicher Betriebe und der Aufbau funktionierender marktkonformer Institutionen mit sich bringen. Ersterer steht bisher noch das politische Ziel entgegen, die Arbeitslosigkeit möglichst niedrig zu halten, um die politische Stabilität nicht zu gefährden. Der Aufbau funktionierender marktkonformer Institutionen gestaltet sich schwierig, da es zum einen an entsprechend ausgebildetem Personal mangelt und zum andern verschiedene in der sozialistischen Herrschaftsperiode entwickelte Verhaltensweisen nicht über Nacht abgelegt werden können.

3.2.3 Osteuropa als Standortkonkurrenz für Deutschland

Die zunehmende Einbindung der osteuropäischen Länder in das Gefüge der Weltwirtschaft wird in Deutschland mit einem hoffnungsfrohen und einem sorgenvollen Auge verfolgt. Das hoffnungsfrohe Auge blickt auf Osteuropa als potentiellen Markt für deutsche Produkte und als eine Gruppe neuer Handelspartner. Beide Seiten könnten vom Güteraustausch profitieren, wenn er Güter umfaßt, welche jeweils mit Kostenvorteilen hergestellt werden (vgl. Kap. 3.2.4). Das sorgenvolle Auge nimmt wahr, daß in Osteuropa wesentlich niedrigere Lohnkosten anfallen und Unternehmen in geringerem Maß durch Vorschriften und Gesetze eingeschränkt werden. Osteuropa gewinnt als Standortalternative an Bedeutung und bedroht damit indirekt den Bestand der Arbeitsplätze in Deutschland, so die Schlußfolgerung. Zusätzlich wird die Gefahr gesehen, daß billige osteuropäische Produkte den deutschen Markt „überschwemmen“ und damit Wettbewerbsnachteile oder sogar die Einstellung der Produktion einheimischer Betriebe bewirken.

Eingeschränkter Marktzugang für bestimmte osteuropäische Produkte

Die Vereinbarungen zwischen der EU und verschiedenen osteuropäischen Ländern über den gegenseitigen Marktzugang sehen vor, daß sich in einer ersten Phase die EU-Länder stärker für osteuropäische Güter öffnen, während in einer zweiten Phase ab 1996 dies umgekehrt für die osteuropäischen Märkte vorgesehen ist (Gabrisch 1997a: 17). Trotz dieser und anderer im vorstehenden Kap. 3.2.2 angesprochenen Liberalisierungs- und Deregulierungstendenzen existieren an den deutschen und an den EU-Grenzen für verschiedene osteuropäische Produkte (z.B. Agrarprodukte, Textilwaren und Stahl bis 1998) Importrestriktionen. Diese protektionistische Politik wird einmal mit der Gefahr begründet, daß beim Import deutlich billigerer Produkte ganze Wirtschaftszweige wie z.B. die Landwirtschaft in Existenznöte geraten könnten. Zum andern wird darauf verwiesen, daß bei einigen Gütern – wie z.B. der in Polen geförderten Kohle – die niedrigen Preise nur durch wettbewerbsverzerrende staatliche Subventionen zustande kämen, die abgebaut werden müßten, damit Importe in größeren Mengen zugelassen und größere Arbeitsplatzverluste in der EU vermieden werden könnten. Ein Blick auf die Handelsbilanz zwischen der EU und Osteuropa zeigt, daß bei den Agrarprodukten anfängliche deutliche Exportüberschüsse für Osteuropa inzwischen einem Exportplus für die EU gewichen sind (Materialien 18). Deren reichhaltiges Lebensmittelsortiment wird allmählich auch für die besserverdienenden osteuropäischen Verbraucher attraktiv. Dagegen steht die EU beim Handel mit Kohle- und Stahlerzeugnissen deutlich im Minus (Materialien 18), was durch den hohen Anteil subventionierter osteuropäischer Güter erklärlich ist (Gabrisch 1997a: 19).

Im Gegensatz zu der immer wieder beschworenen Gefahr erheblicher Arbeitsplatzverluste infolge der Marktöffnung für osteuropäische Güter ist in Deutschland und der EU bisher mit Ausnahme der – schon vorher stark geschrumpften – Textilindustrie kein Wirtschaftsbereich zu erkennen, in dem dies eingetreten wäre.

Osteuropa als Niedriglohnregion

Sobald die Ostdeutschen über D-Mark als Zahlungsmittel verfügten, genossen sie als Touristen in Osteuropa genau die gleichen Kaufkraftvorteile wie die Westdeutschen (Materialien 15). Diesem konsumbezogenen Vorteil stand aber der Nachteil gegenüber, daß Ostdeutschland seinen währungspolitischen Handlungsspielraum komplett verlor. Dagegen konnten viele Länder Osteuropas das Instrument der Abwertung nutzen, um ihre Wettbewerbsposition bei den Arbeitskosten zu verbessern. So lagen z.B. in Tschechien im Jahr 1990 „die Gesamtkosten pro Arbeiterstunde bei ungefähr 5 DM verglichen mit 10,75 DM in den neuen Bundesländern und 31 DM im EU-12-Durchschnitt. 1991 – nach einer drastischen Abwertung der (damals noch tschechoslowakischen) Krone – sanken die Gesamtkosten pro Arbeiterstunde um ein Viertel auf 3,80 DM, während sie in den neuen Bundesländern um ein Drittel auf 14,20 DM anstiegen“ (Gabrisch/Schneider 1997: 8). Neben den Preisen für die in diesen Ländern hergestellten Güter und Leistungen blieben also auch die Preise für den Faktor Arbeit – die Löhne – auf einem niedrigen Niveau. Zusätzlich ist in vielen Ländern Osteuropas eine Arbeitnehmerschaft mit breit gestreuten industriellen Qualifikationen vorhanden, so daß diesbezüglich kaum Nachteile gegenüber dem Westen existieren. Für die Nutzung dieses preisgünstigen Faktors Arbeit sind zwei Wege denkbar:

- Über den Import von Arbeitskräften – vergleichbar der Zuwanderung von Gastarbeitern nach Westdeutschland seit den 60er Jahren,
- über die Verlagerung von Betrieben oder Betriebsteilen nach Osteuropa.

Aufgrund von Vorschriften, die Personen aus Nicht-EU-Ländern von den Arbeitsmärkten der EU fernhalten, wird der erste Weg nur in relativ geringem Umfang (Saisonarbeiter, Kontingent an zeitlich befristeten Arbeitserlaubnissen) begangen. Allerdings ruft das räumliche Nebeneinander von Arbeitsmärkten mit sehr großen Lohndifferenzen immer auch illegale Wanderungsströme und illegale Beschäftigung hervor – wie z.B. auch im Fall von Mexiko und den USA –, deren Ausmaß schwer zu bestimmen ist. Sicher ist, daß insbesondere in Grenzgebieten osteuropäische Arbeitskräfte eingesetzt und weit unter den ortsüblichen Tarifen entlohnt werden. Bau, Gastgewerbe und Landwirtschaft sind hier die bevorzugten Branchen. Dies muß aber nicht unbedingt zu Arbeitsplatzverlusten von Einheimischen führen, sondern kann die Wirtschaft insgesamt ankurbeln. Dagegen ist der zweite Weg für deutsche Unternehmen im Verbund mit den neuen Freiheiten im Kapital- und Güterverkehr legal zu beschreiten und wird von den osteuropäischen Ländern stark gefördert, so daß sie zu einer ernsthaften Standortalternative für industrielle Produktionsstätten werden.

In der Praxis hat sich bisher gezeigt, daß vor allem solche Produktionen abwanderungsgefährdet sind, die sich durch einen hohen Anteil an technischen Routinetätigkeiten, durch hohe Standardisierung und einen relativ hohen Personalbedarf auszeichnen. Bedroht sind also von der Konkurrenz Osteuropas in erster Linie gering qualifizierte Arbeitnehmer, die in Fabriken vom Typ „verlängerte Werkbank" tätig sind. Weite Bereiche der Textilindustrie zählen hierzu, aber auch der Nahrungsmittel- und Baustoffindustrie. Dies wird von einer Umfrage des Verbandes der Deutschen Maschinen- und Anlagebauer (VDMA) vom Juni 1997 unterstrichen. Danach steht als bevorzugter Auslandsstandort die Tschechische Republik auf Platz eins; Polen und Ungarn folgen – nach den USA und China – auf den weiteren Plätzen. Erst mit weitem Abstand findet sich mit Italien das erste EU-Land.

Mit der Standortalternative Osteuropa wächst deutschen und westeuropäischen Managern gleichzeitig aber auch gegenüber ihrer Belegschaft ein neues Drohpotential zu, das sie in Verhandlungen strategisch einsetzen können, um Zugeständnisse zu erzwingen. Dies führt mitunter dazu, daß sich die Belegschaftsvertreter genötigt sehen, unbezahlte Mehrarbeit anzubieten, wenn die Unternehmensleitung eine in Aussicht gestellte Betriebsverlagerung nach Osteuropa unterläßt. Dies ist im Fall des nordhessischen Heizungsfabrikanten Viessmann geschehen: Dessen Beschäftigte arbeiten seit Mai 1996 wöchentlich drei Stunden länger ohne Lohnausgleich und vertrauen darauf, daß sie innerhalb dreier Jahre nicht gekündigt werden und das geplante Werk im tschechischen Myto nicht gebaut wird. Dieses „Modell Viessmann" ist kein Einzelfall geblieben, sondern macht Schule (Materialien 19).

Osteuropa als Ziel von Direktinvestitionen

Ausländische Direktinvestitionen spielen in der Standort-Debatte eine große Rolle, da ihr Umfang auf den ersten Blick einen einfachen Indikator dafür liefert, wie attraktiv oder unattraktiv ein Land als Unternehmensstandort in den Augen des Auslands erscheint. Aufgrund des nach wie vor markant niedrigeren osteuropäischen Lohnniveaus wäre zu erwarten, daß die Investitionen des Auslands im Zeitablauf zunehmen. Dies ist von 1990 bis 1993 der Fall gewesen, seitdem zeigt die Statistik ein von Jahr zu Jahr wechselndes Auf und Ab ohne erkennbaren Trend und mit zunehmenden Abweichungen zwischen den einzelnen Ländern (Materialien 20). Über die Jahre konstant ist die starke Konzentration der Direktinvestitionen auf die CEFTA-Länder, welche bisher die stabilsten Rahmenbedingungen für eine profitable Kapitalanlage boten. Bei den Motiven für die Investitionen steht wider Erwarten nicht dasjenige der Nutzung von Lohnkostenunterschieden an erster Stelle, sondern das Motiv, neue Märkte zu erschließen und die Absatzchancen für die eigenen Produkte zu verbessern (Meißner 1996: 10f.; vgl. dazu auch Kap. 3.2.4). Dies kam auch in der oben erwähnten VDMA-Umfrage zum Ausdruck.

Zum Strom aller ausländischen Direktinvestitionen nach Osteuropa trägt Deutschland selbst etwa ein Viertel bei. In der Mehrzahl der Länder bilden die deutschen Unternehmen die wichtigste oder zweitwichtigste Investorengruppe (Löbbe et al. 1997: 124). Der Anteil der nach Osteuropa fließenden deutschen Investitionen macht ca. 10 bis 15% sämtlicher Auslandsinvestitionen deutschen Ursprungs aus. Osteuropa nimmt also eine wichtige, aber keine überragende Stellung beim Engagement deutscher Firmen im Ausland ein.

Mit Hilfe von Direktinvestitionen wurden bisher von deutschen Firmen in Osteuropa Produktionsstrukturen aufgebaut oder übernommen, die über verschiedene Branchen streuen und keine einheitlichen Merkmale aufweisen. Die Annahme, daß sich darunter besonders viele verlagerungsanfällige Industrien befinden, läßt sich nicht bestätigen (Gabrisch 1995: 9). Als verlagerungsanfällig gelten Industrien, die weitgehend standardisierte Produkte herstellen, gering qualifizierte Arbeiter einsetzen und aus deren Herstellungsprozeß besonders arbeitsintensive Teilfertigungsprozesse aus der Gesamtproduktion ausgegliedert werden können. Solche Industriebranchen nutzten zwar auch die sich in Osteuropa bietenden Gelegenheiten, jedoch häufiger über die Form von Lohnveredelungsgeschäften als über Direktinvestitionen (vgl. dazu Kap. 3.2.4).

Direktinvestitionen deutscher Unternehmen haben bisher nur in Ausnahmefällen dazu geführt, daß im Ursprungsland nur noch Funktionen der Unternehmenszentrale wahrgenommen werden, während die Fertigung komplett in Osteuropa abläuft. Die zentralen mit den Direktinvestitionen verbundenen Interessen liegen eher in der Erschließung neuer Märkte durch (zusätzliche) Produktion vor Ort.

3.2.4 Osteuropa als Chance für die deutsche Wirtschaft

Wenn sich vor der Haustür eines Landes mit einer exportorientierten Wirtschaft neue Märkte eröffnen, spricht vieles dafür, daß der hoffnungsfrohe Blick auf diese neuen Gelegenheiten vor dem sorgenvollen Blick überwiegt oder zumindest überwiegen sollte. Man muß allerdings auch sehen, daß die Öffnung Osteuropas für die ostdeutsche Wirtschaft zunächst eine völlig andere Bedeutung besaß als für die westdeutsche. Für erstere war dies erst einmal identisch mit dem Wegbrechen von Märkten und eingespielten Handelsbeziehungen – ein Verlust, der bis heute nachwirkt und noch lange nicht wieder aufgeholt worden ist. Von 1991 bis 1995 schrumpften die ostdeutschen Exporte nach Osteuropa in Folge, während der westdeutsche Export von 1991 mit zweistelligen Zuwachsraten wuchs und 1996 den ostdeutschen Warenexport um das Zehnfache übertraf (Materialien 21). Die räumliche Nähe zu den osteuropäischen Ländern hat sich bisher für Ostdeutschland noch nicht in entsprechendem ökonomischen Erfolg ausgezahlt. Ob und inwieweit an alte Handelsbeziehungen wieder angeknüpft werden kann, steht noch dahin.

Intensivierter Handel als Nutzung komparativer Kostenvorteile

Daß das Volumen des Warenaustauschs zwischen Ost und West nach dem kurzfristigen Einbruch 1990/91 wieder zunehmen würde, galt als ausgemacht. Für das Jahr 1995 übertraf der Wert der deutschen Exporte nach Osteuropa zum ersten Mal wieder den 1990 erreichten Wert (Materialien 21). Unter den Ländern der EU nimmt Deutschland im Osthandel eine herausragende Stellung ein (Materialien 22). Man kann davon ausgehen, daß die Hälfte der EU-Exporte nach Osteuropa aus deutscher Produktion kommt.

Unklar war hingegen, welche neuen Strukturen sich in diesem intensivierten Warenaustausch herausbilden würden. Solche Strukturen sind zum einen abhängig von handelspolitischen Restriktionen (vgl. Kap. 3.2.3), zum andern aber auch von bestimmten Spezialisierungsvorteilen der jeweiligen Länder. So wäre zu erwarten, daß Deutschland besonders erfolgreich ist mit seinem Angebot an technisch hochwertigen Investitionsgütern, zu welchen vor allem Straßen- und Schienenfahrzeuge, Maschinen und Güter des Anlagenbaus zählen. Entsprechend wäre auf osteuropäischer Seite damit zu rechnen, daß Agrarprodukte und Güter, deren Herstellung arbeitsintensiv ist, zu „Exportschlagern" werden. Die bisherige Entwicklung der Importe und Exporte entspricht diesen Erwartungen nur in Teilen. Der Saldo der EU-Länder (Materialien 18) einschließlich Deutschlands ist erwartungsgemäß am positivsten bei technisch hochwertigen Investitionsgütern. „Von deutschen Produzenten angebotene Investitionsgüter (...) entsprechen in besonderem Maße der Nachfrage, die bei der wirtschaftlichen Wiederbelebung in Mittel- und Osteuropa entstanden ist" (Werner 1996: 7). Den Erwartungen widerspricht jedoch auf osteuropäischer Seite der negative Außenhandelssaldo bei landwirtschaftlichen Produkten und der positive Saldo bei Kohle- und Stahlerzeugnissen (Materialien 18). Im Hinblick auf Agrarprodukte sind zum einen Importrestriktionen seitens der EU verantwortlich, zum andern aber auch die starke Nachfrage in Osteuropa nach Lebensmitteln westlichen Ursprungs. Bei Kohle- und Stahlerzeugnissen fällt ins Gewicht, daß für die veralteten und weitgehend abgeschriebenen Produktionsanlagen in Osteuropa derzeit kaum Kapitalkosten anfallen, so daß – abgesehen von zusätzlichen Subventionen – so lange relativ preisgünstig produziert werden kann, bis Verschleiß und neue Normen des Umweltschutzes den rentablen Weiterbetrieb fraglich werden lassen (Gabrisch 1997a: 19). Für die deutsche Investitionsgüter- und umwelttechnische Industrie ergeben sich hieraus mittelfristig günstige Geschäftsaussichten.

Lohnveredelung als Form der Produktionsverlagerung und internationalen Arbeitsteilung

Der Öffentlichkeit ist kaum noch bewußt, daß bereits vor dem Fall des „Eisernen Vorhangs" Handelsbeziehungen zwischen Ost und West in kleinem Maßstab in Form von Lohnveredelungsgeschäften bestanden. Hierbei lagert ein Unternehmen einen Teilbereich seiner bisherigen Produktion aus und kooperiert mit einem selbständigen Partner im Ausland. Der Partner importiert Vorprodukte des Unternehmens, bearbeitet sie und re-exportiert sie in veredelter Form. Diese Form internationaler Kooperation ist nach 1989 speziell mit den osteuropäischen Ländern stark ausgeweitet worden, nachdem für Veredelungsprodukte für einen bestimmten Zeitraum (bis 1997/98) Zollfreiheit vereinbart wurde. Man kann davon ausgehen, daß etwa zwei Drittel der deutschen Einfuhren im Zusammenhang mit Veredelungsgeschäften inzwischen von dort kommen (Materialien 23). Dieser Posten der Importstatistik übertrifft zugleich das Ausmaß der deutschen Direktinvestitionen in Osteuropa um das Doppelte bis Dreifache. Diese Option wurde also von den deutschen Unternehmen in der ersten Hälfte der 90er Jahre häufiger als Strategie gewählt als das direkte Engagement in Osteuropa. Lohnveredelung ist eine branchenspezifische Strategie – zu 60% sind Erzeugnisse der Bekleidungsindustrie und zu 20% solche der Elektroindustrie betroffen – und wird in erster Linie von jenen Firmen praktiziert, die am inländischen Standort Arbeitskostennachteile besitzen (Gabrisch 1995: 9).

Die Entscheidung, arbeitsintensive und hoch standardisierte Teilfertigungen ins Ausland zu verlegen, bewirkt zunächst einen Verlust an Arbeitsplätzen in Deutschland. Längerfristig können hierdurch aber auch Arbeitsplätze gesichert werden bzw. neu entstehen. Ein Beispiel liefert die Bekleidungsindustrie: „Dadurch, daß Stoffe, Knöpfe und Garne, die im lohngünstigen Mittel- und Osteuropa zusammengenäht werden, zum Großteil aus westlicher Produktion stammen, entstehen Effizienzgewinne (...) Unter diesen Umständen stehen jenen Arbeitsplätzen, die in der Endfertigung verlorengehen, neue Arbeitsplätze in der Vorproduktion, aber auch in anderen neben- oder nachgelagerten Bereichen (z.B. Design) gegenüber“ (Gabrisch 1995: 10).

3.2.5 Zusammenfassung und Resümee: Mittelfristige Risiken der bisher entwickelten Arbeitsteilung

Um angemessen einschätzen zu können, wie der Standort Deutschland bislang auf die neue Herausforderung Osteuropa reagiert hat, sind mehrere Aspekte zu berücksichtigen. Die Öffnung nach außen sowie die revolutionären internen Umbrüche haben diesem Raum innerhalb kurzer Zeit eine hohe Veränderungsdynamik – verbunden mit der Teilung und Neugründung von Staaten – beschert, die auch einen raschen Wechsel maßgeblicher Akteure mit sich brachte. Unter diesen Vorzeichen ist es sicherlich positiv zu bewerten, daß die Mehrzahl der Länder ökonomische Wachstums- und Aufholprozesse in Gang setzen konnte. Auf deutscher und westeuropäischer Seite wurde dies durch eine Vielzahl von Maßnahmen und Vereinbarungen unterstützt, die mittelfristig auf das Ziel der wirtschaftlichen Integration dieser Länder in die internationale marktwirtschaftliche Arbeitsteilung gerichtet sind. Die deutsche Politik steht in diesem Punkt in Einklang mit der

Integrationspolitik der EU, OECD, Währungsfonds und Welthandelsorganisation. Unverzichtbare Voraussetzung für das weitere Vorankommen dieser Integrationspolitik ist das gegenseitige Vertrauen darauf, daß Verträge und die darin gesetzten Fristen auch eingehalten werden.

Diese Integrationspolitik ist jedoch nicht nur auf Liberalisierung und Deregulierung ausgerichtet, sondern beinhaltet gleichzeitig relativ strenge, autonomiebeschränkende Vorgaben für die Wirtschafts- und Ordnungspolitik der jeweiligen Länder. Daneben werden von den westlichen Ländern durchaus protektionistische Regelungen praktiziert, die die Aufgabe haben, sie vor Zuwanderung und Preisdumping zu schützen. Die lange deutsche Ostgrenze stellt nach wie vor eine Wohlstands- sowie eine EU-Außengrenze – allerdings bald keine militärpolitische Grenze mehr – dar und bringt die gleichen Probleme mit sich, die auch entlang anderer „Wohlstandsgräben" bestehen.

Nach Überwinden der größten transformationsbedingten Schwierigkeiten sind die Warenströme zwischen Deutschland und Osteuropa seit 1992 kontinuierlich mit einer zweistelligen Wachstumsrate gestiegen. Deutschland ist zum wichtigsten Handelspartner Osteuropas geworden. Hier macht sich vorteilhaft bemerkbar, daß Deutschland über eine breite Angebotspalette jener Investitionsgüter verfügt, die die osteuropäischen Unternehmen benötigen, um in den nächsten Jahren ihre Produktion zu modernisieren und neuen Umweltschutznormen zu genügen. Eigenartigerweise ist es den ostdeutschen Unternehmen bisher nicht gelungen, traditionelle Handelsbeziehungen wiederzubeleben, so daß sie an diesem Exportboom nur in geringem Maß beteiligt sind. Im Unterschied zum deutschen Export setzt sich der Import-Güterstrom aus Osteuropa aus anderen Warengruppen zusammen als zu erwarten wäre, sollten beide Seiten ihre Spezialisierungsvorteile nutzen.

Der Warenaustausch besteht nicht nur aus Endprodukten, sondern beinhaltet auch Güterströme im Rahmen von Veredelungsgeschäften, die anfangs maßgeblich die Form der Kooperation deutscher mit osteuropäischen Firmen prägten. Deutsche Direktinvestitionen entwikkeln sich demgegenüber langsamer und konzentrieren sich stark auf die CEFTA-Länder. Für die osteuropäischen Länder selbst sind Direktinvestitionen vorteilhafter, da sie auch an Technologie, Managementwissen und modernen Vertriebsmethoden partizipieren. Die Strategie der Lohnveredelung nutzt demgegenüber nur das billige Arbeitskraftangebot und errichtet keine stabilen Wachstumsstrukturen. Sobald sich Länder mit noch niedrigeren Lohnkosten anbieten, geht die Tendenz dahin, das Veredelungsgeschäft dorthin zu verlagern, womit sich für Osteuropa ein West-Ost-Verlagerungstrend vorhersagen läßt. Zum Aufbau einer tragfähigen und stabilen Arbeitsteilung zwischen Deutschland und Osteuropa erscheinen Direktinvestitionen als der günstigere Weg, zumal sie auch positive Rückwirkungen auf deutsche Unternehmen haben, indem sie – wie für ein Hochlohnland angemessen – die Konzentration auf das Unternehmens-Kerngeschäft fördern, neue Märkte in Osteuropa erschließen und indirekt den Export von Investitionsgütern noch weiter stimulieren.

Insgesamt gesehen müßte Deutschland seine Aktivitäten verstärken, Osteuropa zu einem starken Wirtschaftspartner zu entwickeln, um mehr Vorteile aus dem Handel zu ziehen und um die nachteiligen Folgen einer Wohlstandsgrenze inmitten Europas zu vermeiden. Eine Strategie, die weiterhin damit rechnet, daß Osteuropa ein Niedriglohnbereich bleibt, ist auf mittlere Sicht zum Scheitern verurteilt. Aufgrund der hohen Erwerbsbeteiligung und der geringen Arbeitslosigkeit ist der Faktor Arbeitskraft in den osteuropäischen Ländern keine beliebig vermehrbare Ressource.

3.3 Europäische Integration

Die Europäische Union ist der größte und reichste Markt der Welt (Materialien 24). Wenn sie politisch eins wäre, dann hätte sie die Bevölkerung, die Ressourcen, die ökonomischen und technologischen Möglichkeiten und selbst das militärische Potential, eine, wenn nicht sogar *die* Weltmacht des beginnenden 21. Jahrhunderts zu werden.

Ja, wenn... Wie der Jugoslawien-Konflikt gezeigt hat, weist die EU diese politische Einheit nicht auf. Obwohl die Länder der Gemeinschaft zusammen mehr Mittel für den Wiederaufbau Ex-Jugoslawiens bereitstellen und obwohl sie mehr militärische Einheiten dort stationiert haben, sind es die USA, die die entscheidenden Verhandlungen durchsetzen können. Warum? Weil die USA für ihre politische Zielsetzung in der Lage sind, glaubwürdig mit dem konzentrierten Einsatz ihrer Kräfte zu drohen. Die Europäische Gemeinschaft hingegen verbleibt vorerst im Status einer politischen „Wenn-Macht“.

Unabhängig davon, ob Europa dereinst seine weltpolitische Handlungsfähigkeit gewinnen kann (und dies überhaupt wünschenswert wäre), gilt: Das soziale und wirtschaftliche Schicksal Deutschlands ist auf das engste mit der EU verbunden. Die europäischen Nachbarländer sind mit Abstand seine wichtigsten Handelspartner – wenn angesichts des einheitlichen Marktes hier überhaupt noch von Exporten und Importen gesprochen werden kann (Materialien 25). Zwei Drittel des deutschen Handels wird mit der EU abgewickelt (Materialien 26). Ein Unternehmen wie Siemens setzt mehr als zwei Drittel seines 55 Milliarden US-Dollar betragenden Umsatzes in der EU um – und der in der EU erzielte Anteil des Reingewinns ist noch höher.

Schon allein diese Zahlen lassen erkennen, daß die Art und Weise, wie sich die EU entwickelt, das Gesicht der Sozialen Marktwirtschaft prägen wird. Die enge wirtschaftliche Verflechtung hat Folgen für das Modell Deutschland, die heute erst ansatzweise erkennbar sind. Hoffnungen und Befürchtungen stehen hierbei einander gegenüber. Das gilt für den europäischen Binnenmarkt (3.3.1), ebenso wie für die gemeinsame Währung (3.3.2). Dabei zeigt sich, daß die europäische Integration weder bloße Folge der Globalisierung ist, noch sich in der künftigen Währungsunion erschöpft, so wichtig diese auch ist. Niemand kann heute eine Garantie geben, ob die Europäische Währungsgemeinschaft – so sie kommt (wofür die meisten Anzeichen sprechen) – in den ersten Jahren ihres Bestehens angesichts der weiterhin erforderlichen Anpassungsleistungen und der finanzpolitischen Unterschiede nicht wieder auseinanderfällt. Sollte sie dies aber nicht tun, wäre ein entscheidender Schritt getan, Europa wirtschaftlich auf kontinentaler Ebene, vergleichbar nur mit den Vereinigten Staaten, zusammenzuführen. Eine Zukunftsprognose wird dadurch erschwert, daß dieser Prozeß von deutscher Seite derzeit nicht mehr aktiv gestaltet, geschweige denn vorangetrieben wird (3.3.3).

3.3.1 Das Binnenmarktprogramm und die Zukunft des europäischen Kapitalismus

Die Europäische Gemeinschaft war von Beginn an ein eigentümliches Gebilde und ist es immer noch. Einerseits wurden immer wieder weitreichende politische Ziele angestrebt, anderseits die größten Fortschritte als wirtschaftlicher Zusammenschluß erzielt. Dabei zeigt die Geschichte des europäischen Binnenmarkts, daß sich diese Entwicklung nicht aufgrund einer ökonomischen Sachgesetzlichkeit „naturwüchsig“ vollzieht. Dies verdeutlicht das Binnenmarktprogramm wie auch die Einführung des Euros.

Das Binnenmarktprogramm

Mit der Einheitlichen Europäischen Akte (EEA) von 1986 wurde ein Jahrzehnt der politischen und wirtschaftlichen Stagnation Europas[1] beendet. Der Binnenmarkt war die westeuropäische Antwort auf die weltwirtschaftlichen Herausforderungen der Zeit, namentlich der Befürchtung, auf dem Weltmarkt den Anschluß an Japan und die USA zu verlieren. Das Wort von der „Eurosklerosis“ verschwand; die EG wurde in der Welt, vor allem in Nordamerika, wieder ernst genommen.

Mit dem in der EEA festgeschriebenen Binnenmarktprogramm wurde zum 31.12.1992 der freie und unbeschränkte Handel in den Ländern der Europäischen Gemeinschaft im wesentlichen hergestellt. Zwar war der Abbau von Zollschranken bereits in den Römischen Verträgen von 1957, dem Gründungsdokument der EG, vorgesehen und später verwirklicht worden. Doch zahlreiche nicht-tarifäre Handelshemmnisse, wie z.B. unterschiedliche Sicherheitsstandards und Industrienormen, wechselseitig nicht anerkannte Ausbildungsvorschriften oder besondere Bestimmungen bei der Vergabe öffentlicher Aufträge, stellten weiter Hemmnisse für den freien Fluß von Gütern, Kapital, Personen und Dienstleistungen dar.

Bis heute sind noch nicht alle Maßnahmen zur Herstellung des gemeinsamen Marktes verwirklicht. Beispielsweise steht eine befriedigende Mehrwertsteuerregelung noch aus. An einem europäischen Gesellschaftsrecht wird noch gearbeitet, ebenso an einem EU-Steuerkodex, der unlautere Steuerpraktiken beseitigen soll. Dennoch war das Binnenmarktprogramm wirtschaftspolitisch ein größerer Erfolg als es selbst seine Gründungsväter, allen voran der frühere Kommissionspräsident Jacques Delors, wohl zunächst zu träumen gewagt haben. Nicht zuletzt war es – ganz im Gegensatz zum Euro – ein glänzender publizistischer Erfolg der Europäischen Kommission. In diesem Werbefeldzug wurden allerdings allzu viele Versprechungen gemacht, was

---

[1] Im folgenden ist der Einfachheit halber die Europäische Gemeinschaft/Union gemeint, wenn von Europa die Rede ist.

Wachstum und neue Arbeitsplätze betrifft. Als die üppigen Voraussagen genauso wenig eintraten wie später die berühmten „blühenden Landschaften“, machte sich Ernüchterung, bisweilen auch Enttäuschung breit.

Es waren also politische Entscheidungen (und auch Nichtentscheidungen), die für die schrittweise Beseitigung von Handelsschranken und Mobilitätsbarrieren – und damit die Einschränkung nationalstaatlicher Souveränität auf wirtschaftspolitischem Gebiet – verantwortlich sind. Beispiele, in denen die wirtschaftspolitischen Grenzen der nationalen Regierung – hier der deutschen – jüngst deutlich wurden, sind die Öffnung des Telekommunikationsmarkts, die Entmonopolisierung des Postverkehrs oder der Streit um die Subvention von VW in Eisenach. Die Nationalstaaten stimmten dieser Einschränkung zu, teils weil sie die Fähigkeit, ihre Wirtschaften zu steuern ohnehin eingebüßt haben, teils weil sie sich davon positive Effekte erhoffen. Im Gegensatz zur Geschichte der europäischen Nationalstaaten ging dabei die Ausweitung des Marktes nicht mit der Errichtung suprastaatlicher Institutionen einher. Zum Aufbau eines supranationalen Staates kam es nicht; die Mitgliedsstaaten behielten sich wichtige Entscheidungsbefugnisse weiterhin vor.

Somit haben wir es mit einer Situation zu tun, in der der (gemeinsame) Markt immer weniger von den Nationalstaaten reguliert wird, ohne daß bislang eine andere Macht an ihre Stelle getreten wäre. Es stellt sich die Frage, wie eine nationalstaatlich geprägte Ordnung wie die der Sozialen Marktwirtschaft in diese nicht länger nationalstaatlich, aber auch (noch?) nicht supranational verfaßte Wirtschaft paßt. Zwei gegensätzliche Standpunkte lassen sich hierbei unterscheiden.

Die Europa-Pessimisten

Auf der einen Seite sind die Pessimisten. Sie befürchten verstärkt Schmutzkonkurrenz, oder wissenschaftlich vornehmer ausgedrückt, „Sozialdumping“. Die Sozialdumpingthese besagt, daß die „vier Freiheiten“ des Binnenmarkts (freier Verkehr von Waren, Dienstleistungen, Kapital und Personen) einen Anpassungsdruck von Löhnen und Arbeitnehmerrechten nach unten mit sich bringen. Denn der Vorrang der wirtschaftlichen vor der politischen und sozialen Integration Europas löse einen immensen Wettbewerbsdruck durch die ungehemmte Mobilität des Kapitals aus und unterminiere so Sozialleistungen und

Arbeitnehmerrechte. Altvater und Mahnkopf (1993) beispielsweise befürchten eine europaweite Angleichung von Lohnkosten, Arbeitsproduktivität und Kapitalintensität, die – da die ökonomischen und politischen Unterschiede zwischen den EU-Ländern fortbestünden – über die „Gewalt des Geldes" (Altvater/Mahnkopf 1993: 94) hergestellt werde. Mit anderen Worten: Die Löhne werden flexibel, und zwar nach unten.

Auch Wolfgang Streeck erwartet vom europäischen Binnenmarkt für deutsche Arbeitnehmerrechte nichts Gutes. Einerseits geben der Binnenmarkt und das gemeinsame Wettbewerbsrecht der Union im Verein mit den internationalen Märkten den Nationalstaaten immer mehr den Takt vor. Andererseits verfügen die europäischen Institutionen, anders als die staatliche Ordnung der Periode nach 1945, nur in sehr geringem Maße über die Fähigkeit, dem Wettbewerb soziale Rechte zu entziehen. Diese Konstellation läuft auf eine säkulare Ablösung des Sozialstaats der Nachkriegszeit durch einen „Wettbewerbsstaat" (Streeck 1996a: 359) hinaus, der seine Hauptaufgabe darin sieht, seine jeweilige Volkswirtschaft für die internationalen Märkte ‚fit' zu machen. Deshalb werde es zu Abstrichen bei den sozialen Bürgerrechten kommen.

Die Europa-Optimisten

Während die Sozialdumpingtheoretiker eine übergreifende Marktlogik am Werk sehen, argumentiert eine andere Gruppe, daß es verschiedene Arten von Kapitalismus gäbe und weiterhin geben werde. So seien die Marktwirtschaften Deutschlands, Schwedens oder Österreichs sehr viel stärker koordiniert und sozialstaatlich ausgerichtet als die angelsächsische Variante des Kapitalismus. Ihr Zusammenschluß lasse eine „rheinische" Variante des Kapitalismus entstehen, die mit dem „atlantischen Kapitalismus" konkurriere (Hodges/Woolcock 1993). Dementsprechend betrachtet Volker Bornschier (1997) die EU und ihre Erneuerung in den 80er Jahren weniger als ein Liberalisierungs- und Deregulierungsprogramm, sondern als die durchaus eigenständige Antwort europäischer, wirtschaftlicher und politischer Eliten, den Niedergang des sozio-ökonomischen Modells Europas abzuwenden.

Manche Autoren erhoffen sich von Europa sogar eine erweiterte Neuauflage oder doch zumindest die Rettung des europäischen Sozialstaats der Nachkriegsphase. So versprechen sich die beiden Spiegel-Journalisten Hans-Peter Martin und Harald Schumann (1996) in ihrer Philippika gegen die Globalisierung von der EU „eine Rückgewinnung der politischen Handlungsfähigkeit“ (1996: 223) im Chaos der globalen Verflechtung.

Unserer Meinung nach lassen weder der eine noch der andere Standpunkt Chancen und Risiken des Standorts Deutschland in Europa nüchtern erkennen. Die Optimisten unterschätzen, daß der Sozialstaat noch auf lange Zeit national bestimmt sein wird, die Pessimisten, daß die Gestaltung der politischen Ökonomie Europas ein offenes Projekt ist. Bevor wir auf die einzelnen Argumente weiter eingehen, ist ein Blick auf den nächsten Schritt der europäischen Integration, vornehmlich den monetären, notwendig.

3.3.2 Was bringt, was nimmt der Euro dem Standort Deutschland?

Die gemeinsame europäische Währung („Euro“) stellt den Schlußstein des Binnenmarkts dar. Fahrplan und Kriterien wurden im Vertrag von Maastricht 1991 beschlossen. Zu den Voraussetzungen zählen eine stabile Währung, ein akzeptabler Schuldenstand, geringe Inflation und niedrige Zinsen des Teilnehmerlandes. Über die Teilnehmerländer wird im Mai 1998 entschieden, am 1.1.1999 erblickt die Währungsunion das Licht der Welt und 2002 ist schließlich der Euro das einzig zulässige Zahlungsmittel in den Mitgliedsländern.

In der Tat haben sich die westeuropäischen Volkswirtschaften in den letzten Jahren einander stark angenähert. Die durchschnittliche Inflationsrate beträgt 1997 kaum 2%; Länder wie Italien und Spanien weisen sogar eine Inflationsrate unter der Deutschlands auf! Diese Zahlen sind die niedrigsten seit über zwei Jahrzehnten. Auch die fiskalische Konvergenz ist beeindruckend: Dänemark, Finnland, Irland, Luxemburg und die Niederlande werden 1996 ein öffentliches Defizit von weniger als 3% des Bruttoinlandsprodukts haben und die anderen Länder – mit Ausnahme Griechenlands – werden dieses wichtigste der fünf Maastricht-Kriterien 1997 nur knapp verfehlen – selbst wenn die entsprechende Prognose der EU-Kommission statistisch ein wenig geschönt sein sollte (Materialien 27). Deutschland, das auf die punktgenaue Einhaltung der – ökonomisch umstrittenen – Kriterien energisch besteht und sie überdies mittels eines „Stabilitätsrates“ für alle Zukunft festzurren will, muß nun, da es selbst Schwierigkeiten mit ihrer Einhaltung hat, sehen, wie es sich aus der selbst gestellten Falle wieder befreit.

Mit dem Euro wird ein entscheidender Schritt getan, Europa wirtschaftlich auf kontinentaler Ebene, vergleichbar mit den Vereinigen Staaten, zu vereinen. Doch die kommende Währungsunion stößt in Deutschland auf Skepsis. Nicht zuletzt verkörpert die D-Mark *das* Symbol des deutschen Nachkriegserfolges. Von dieser psychologischen Bindung abgesehen, weckt die Währungsunion die Erinnerung an Hyperinflation und Währungsreform. Andere erinnern sich der deutsch-deutschen Währungsunion – die Bürger im Westen an die damit verbundenen Komplikationen und finanziellen Belastungen, während die im Osten von der frisch gewonnenen D-Mark ungern lassen.

Der „Euro" stellt eigentlich aber „nur" eine Währungsumstellung, keine Währungsreform dar. Wenn ein historisches Vorbild benannt werden soll, wäre der deutsche Zollverein von 1834 eine bessere Wahl. Damals wurde der süddeutsche Gulden und der norddeutsche Thaler zunächst in ein festes Wechselkursverhältnis gebracht und später durch die Mark abgelöst. Im Gegensatz zur deutschen Währungsunion bilden bei der europäischen nicht politisch gewollte (= verzerrte, s. Abschnitt 3.1.2), sondern die auf dem Markt gebildeten Wechselkurse die Basis für die Umrechnung. Auch wird es in Europa keinen gigantischen Transferapparat geben. Zu einem solchen Unterfangen fehlt schon die notwendige Solidarität (Immerfall/Sobisch 1997).

Was aber bringt der Euro der deutschen Volkswirtschaft? Vor allem: Welche Auswirkungen hat er auf das Modell Deutschland? Zunächst einmal niedrigere Transaktionskosten, da Umtauschgebühren und Absicherungen gegen Währungsschwankungen entfallen. Dadurch ergeben sich Ersparnisse von vielleicht 0,7% des europäischen Bruttoinlandsprodukts. Wichtiger und weitreichender sind aber die strukturellen Folgewirkungen. Darüber herrscht unter den Ökonomen ein reger Streit, und einander entgegengesetzte Denkschriften – Pro und Contra Euro – zirkulieren in der Öffentlichkeit. Der Streit geht vor allem darum, wie sehr die realen Wirtschaftsstrukturen der Teilnehmerländer übereinstimmen müssen, damit eine Einheitswährung sinnvoll ist.

In diese Auseinandersetzung wollen und brauchen wir uns an dieser Stelle nicht einzumischen. Manches ist vielleicht auch gar nicht vorhersehbar. Beispielsweise wissen wir, daß der Euro nach dem US-Dollar, und wie heute die D-Mark, die zweitwichtigste Reservewährung werden wird. Wir wissen aber nicht, wie schnell sich die Umschichtung der Investoren und Notenbanken in den Euro vollziehen wird. In unserem Zusammenhang genügt es, zunächst darauf hinzuweisen, daß mit dem Euro Länderunterschiede im Konjunkturverlauf in den nicht harmonisierten Steuer- und Sozialsystemen Europas nicht länger über Wechselkursveränderungen gemildert werden können. Soweit frühere Erfahrungen ein guter Indikator für die Zukunft sind, sollte sich dies eher stabilisierend für die deutsche Wettbewerbsfähigkeit auswirken. Denn in der Vergangenheit wurden rückläufige Lohnstückkosten öfters durch den steigenden Außenwert der D-Mark aufgezehrt.

Im Zuge der Europäischen Währungsunion wird die deutsche Bundesbank durch die Europäische Zentralbank abgelöst, die mit einer ähnlichen Unabhängigkeit ausgestattet ist wie jene. Während die Befürworter der Währungsunion argumentieren, damit werde ein erfolgreiches Element des „Modell Deutschland“ nach Europa exportiert, befürchten die Gegner, die Europäische Zentralbank (EZB) werde ungeachtet ihres Statuts schnell zum Spielball politischer Interessen. Auch hier halten wir es weder mit den Pessimisten noch den Optimisten. In der Tat erscheint es uns – mit den „Pessimisten“ – eher unwahrscheinlich, daß sich die EZB in einem so ganz anderen Rahmen genauso verhalten wird wie die „Buba“. Ein realistisches Verhaltensmodell dürfte die amerikanische Bundesbank, die „Fed“ (Federal Reserve Board), abgeben (Soskice 1997). Einen Anschlag auf den deutschen Wirtschaftsstandort würden wir darin aber nicht erblicken. Die Fed verfolgt zwar eine flexiblere monetäre Politik als die Bundesbank und stellt sich in der politischen Arena aufgeschlossener dar, hat die Inflation aber ebensowenig aus den Augen verloren.

Ein weitere Folge, die der Euro auf den Wirtschaftsstandort Deutschland haben könnte, besteht in einer verstärkten Binnenwanderung. An den rechtlichen Grundlagen selbst ändert sich nichts, denn die Freizügigkeit ist prinzipiell bereits hergestellt. Allerdings können mit der Währungsunion die Arbeitnehmer in Europa ihre Löhne nun unmittelbar miteinander vergleichen. Auf der einen Seite könnte man erwarten, daß verstärkt EU-Arbeitnehmer Beschäftigung in Ländern wie Deutschland zu geringeren als den dort üblichen Löhnen suchen und somit das Tarifgefüge untergraben. Die EU erlaubt aber die Einführung von Vorschriften, wonach der Mindestlohn des Tätigkeitslandes für alle Arbeitnehmer gilt. Andererseits dürfte die gemeinsame Währung den Druck auf gemeinsame, wirtschafts- und sozialpolitische Initiativen in der EU verstärken, etwa wenn es darum geht, Regeln gegen unfairen Standortwettbewerb zu finden. Denkbar, wenn auch nicht wünschenswert, wäre überdies, daß sich die Löhne in den weniger produktiven Mitgliedsländern eher an den Löhnen der produktiveren orientieren. Diese Entwicklung erscheint nach den Erfahrungen mit der deutschen Währungsunion als nicht ganz unwahrscheinlich.

Schließlich wird der Euro den innereuropäischen Wettbewerb erheblich verändern. Die Preise werden transparenter, und allzu unterschiedliche Gewinnmargen werden unter Druck kommen. Die Diskrepanz, daß ein Aspirin in Deutschland ein mehrfaches von dem in Portugal kostet, wird es vermutlich nicht mehr geben. Von daher ist die Auffassung, der Euro werde „weich" im Sinne von inflationsfördernd sein, ganz und gar nicht gerechtfertigt. Dabei wird es neben Gewinnern freilich auch Verlierer geben. Diese werden sich aber nach Unternehmen, Branchen und Sektoren und weniger nach Ländern verteilen. Auch hier geben die vergangenen Erfahrungen deutscher Unternehmer auf dem europäischen Markt nicht unbedingt Anlaß zur Sorge. Überdies zählen nach Erhebungen der *Financial Times* die deutschen Unternehmen zu den am besten auf den Euro vorbereiteten.

Kurzfristig dürfte der Euro keine neue Beschäftigung schaffen, zumal nicht unerhebliche Umstellungs- und Anpassungskosten zu bewältigen sind. Aber der Euro sollte den europäischen Binnenmarkt stabilisieren und so Europa insgesamt helfen, auf die Herausforderungen der Globalisierung besser zu reagieren. Wenn erst einmal der Teilnehmerkreis feststeht – erwartet wird, daß nur Großbritannien, Schweden und Dänemark aus politischen, Griechenland aus wirtschaftlichen Gründen vorläufig außen vor bleiben – können Unternehmen langfristiger planen und die Produktion besser optimieren. Mit Wegfall der Währungsrisiken werden Investoren ihren Bestand an Beteiligungen und Anleihen weiter diversifizieren; dies wird den Zugang zu Kapital für europäische Unternehmer erleichtern. Davon profitiert auch und gerade die deutsche Wirtschaft.

Insgesamt betrachtet, eröffnet die gemeinsame Währung deutschen Unternehmen weitere Möglichkeiten einer noch weiter vertieften Durchdringung des EU-Marktes. Allerdings wird es immer weniger „rein" deutsche Unternehmen geben; Fusionen, Kooperationen und andere Formen der Zusammenarbeit von Firmen unterschiedlicher nationaler Herkunft werden weiter zunehmen. Auch dies ist eine Entwicklung, die schon lange im Gange ist, und vom Euro nur noch beschleunigt wird.

3.3.3 Die wirtschaftspolitische Zukunft der EU gestalten

Der Euro stellt einen weiteren Schritt weg vom Nationalstaat als relevantem Wirtschaftsraum dar. Ihn zu verstehen, tut sich die Wissenschaft, auf ihn angemessen zu reagieren, die Politik schwer. Deutschland war lange der Musterknabe der EU. Das ist vorbei. Aus möglicherweise allzu kurzfristigen und kurzsichtigen Gründen spielt es nun immer öfters den „bad boy“ (Financial Times, 7. Oktober 1997): vom Subventionsstreit bis zum Streit über die Beitragszahlungen – Deutschland übernimmt immer öfters von Großbritannien die Rolle des Unruhestifters. Hatte es einst die hehren Ziele der Marktwirtschaft in Brüssel hochgehalten, verzettelt es sich derzeit in strukturpolitisch wenig sinnvolle Debatten.

Da ist zum einen die Forderung nach einem Beitragsrabatt. Lange war es ein ungeschriebenes Gesetz der Entwicklung der EU, daß die anderen die Märkte öffnen und Deutschland im Gegenzug für Struktur- und sonstige Anpassungshilfen die EU-Kasse füllt. Diesem Quidproquo ist spätestens seit der Vereinigung die Grundlage entzogen. Die anderen sind – im europäischen Vergleich – reicher, das größere Deutschland ärmer geworden. Daß die finanziellen Gewichte neu austariert werden müssen, ist auch in Brüssel im Grunde unbestritten; die Frage ist nur, wie und in welchem Zeitrahmen.

Die Lösung liegt nicht so sehr in der Zahlung in den EU-Haushalt selbst – Deutschland leistet bereits jetzt einen geringeren Betrag je Einwohner als die Niederlande, Belgien oder Dänemark – als vielmehr die Mittelverteilung. Ein in mehrfacher Hinsicht hierzu wichtiger Schlüssel liegt in Europas Gemeinsamer Agrarpolitik (GAP). Deutschlands Haltung zur Agrarreform ist aber – gelinde gesagt – widersprüchlich.

Die GAP steuert und stützt dirigistisch das Wirken und Walten der Bauern. Sie ist nicht nur teuer, sondern auch strukturpolitisch und ökologisch fragwürdig. Immer noch wird gut die Hälfte des EU-Etats für immer weniger Bauern ausgegeben – und dennoch sieht die Mehrheit der so Bedachten ihre Existenzgrundlage schwinden. Überdies versperrt die Politik der Überschüsse und der Marktzugangsregelungen den Osteuropäern lebenswichtige Exportmärkte (vgl. Abschnitt

3.2.3). Nun hat EU-Agrarkommissar Franz Fischler hierzu – als Teil der umfangreichen „Agenda 2000“ – weitreichende Vorschläge gemacht. Sie sehen einen schrittweisen Abbau der allgemeinen Preisstützung für Rindfleisch, Getreide, Butter und Magermilchpulver vor, an deren Stelle direkte Zahlungen an die kleineren oder besonders ökologisch wirtschaftenden Bauern treten könnten. Dies sind sinnvolle Ansätze, zumal klar ist, daß das gegenwärtige Stützungssystem auf internationaler Ebene keine Überlebenschance hat. Hier stehen im Rahmen der Welthandelsorganisation (WTO) neue Verhandlungen an, und die wichtigsten Handelspartner der EU haben mehr als einmal ihre Kritik an der europäischen Agrarpolitik deutlich gemacht.

Wie die EU-Kommission jüngst vorgerechnet hat (Financial Times, 10. Oktober 1997) bekam Deutschland 1996 aus EU-Kassen, die es zu 28% finanziert, einen Anteil von 14,8% zurück, wovon nur 15,5% der GAP entstammt. Zum Vergleich: Frankreich finanziert 16% des EU-Haushaltes, bekommt 17,5% der Ausgaben zurück, die indes zu 24,5% wiederum aus GAP-Kassen kommen. Mit anderen Worten: Eine Reform der Argarpolitik würde Deutschland doppelt entlasten – es müßte weniger Beiträge zahlen und würde prozentual mehr wiederbekommen, da es von der GAP unterdurchschnittlich profitiert.

Doch ausgerechnet die deutsche Regierung schloß sich bislang der Kritik von spanischer und belgischer Seite an Fischler an! Knapp vor der Bundestagswahl und der Landtagswahl in Bayern scheint Landwirtschaftsminister Jochen Borchert nicht bereit, auf Gelder aus den EU-Kassen für seine Klientel zu verzichten, auch wenn es noch soviel Sinn macht. Dies wäre nicht weiter schlimm, wenn sich dahinter nur kurzfristiges Wahlkalkül verbärge. Darin scheint sich aber die grundsätzliche Unsicherheit darüber zu spiegeln, wie es Deutschland mit Europa und der europäischen Integration hält. Auch in den Amsterdamer Beratungen zur Reform des Maastrichter Vertrages blieb die Haltung Deutschlands blaß. Von seiner früheren Forderung nach Parlamentarisierung und Föderalisierung Europas ist es abgerückt, ohne daß eine zusammenhängende neue Strategie erkennbar wäre.

Ohne eine Reform der Agrarpolitik und ohne eine institutionelle Reform wird die – politisch gebotene – Osterweiterung der EU aber in einer Selbstblockade enden. Die EU würde dann tatsächlich auf einen bloßen Binnenmarkt zurückfallen, in dem soziale Rechte leicht unter die Räder kommen könnten. Ein pessimistisches Szenario, wie es oben mit der Unterbietungskonkurrenz angesprochen wurde, kann so zurecht auf die „wirtschaftliche Schlagseite“ der EU verweisen. Auch trifft zu, daß es für die europäischen Arbeitnehmerorganisationen ausgesprochen mühsam ist, angesichts ihrer großen politischen und sozialen Vielfalt auf die europäische Dynamik zu reagieren. Länderübergreifende Arbeitnehmersolidarität ist unter anderem deshalb so schwer, weil die Arbeitsbeziehungen im Kontext der politischen Kulturen und Traditionen von Nationalstaaten entstanden sind (Immerfall 1997).

Gegen allzu pessimistische Erwartungen lassen sich andererseits zunächst schlichte Erfahrungswerte vorbringen. Die wirtschaftliche Verflechtung in Europa ist ja nichts grundsätzlich Neues. Bereits vor dem einheitlichen Binnenmarkt hatte sich die deutsche Industrie, obwohl schon damals vergleichsweise wenig geschützt, als wettbewerbsfähig erwiesen.

Auch theoretisch ist das Argument, Sozialkonkurrenz führe stets zu einer Anpassung nach unten, nicht zu halten. Viel eher sind zunächst mehr intra-industrielle Arbeitsteilung und eine differenzierte Produktion zu erwarten. D.h., zum einen wird für die Herstellung eines Produktes auf Vorleistungen aus verschiedenen Ländern zurückgegriffen, zum anderen entstehen neue Märkte und Produkte.

Überdies entscheidet sich der Standort von Unternehmen keineswegs nur an den Löhnen. Neben Produktivität zählen Qualität und Verläßlichkeit der Arbeit oder auch Marktnähe. Dies zeigt sich schon daran, daß Direktinvestitionen überwiegend in entwickelte Länder gehen. Dabei sind überdurchschnittliche Wachstumsraten in den peripheren Ländern, die über arbeitsintensive Produkte erzielt werden, ja erwünscht, weil sie Spielräume für Lohnsteigerungen und sozialpolitische Fortschritte schaffen. Tatsächlich erleben wir dies jetzt in den ehemaligen Armenhäusern der EU, in Portugal und der Republik Irland. Das Aufholen dieser Länder wird den sozialen und finanziellen Zusammenhalt der EU ganz wesentlich erleichtern.

Der erhöhte Mobilitätsdruck, den die Restrukturierungs- und Rationalisierungsprozesse auf der Ebene der Betriebe mit sich bringen, wird aber zu erheblichen Belastungen nicht nur deutscher Arbeitnehmer führen. Klaus Busch (1994) empfiehlt den Gewerkschaften daher, statt sich auf die möglicherweise kontra-produktive, weil Angst hervorrufende und demobilisierende These vom Sozialdumping zu versteifen, sich um die unmittelbar anstehenden Themen zu kümmern. Hier ist etwa die Ausgestaltung einer systematisch und kontinuierlich betriebenen innerbetrieblichen Aus- und Weiterbildung zu nennen (Keller 1995: 361-371).

Im Bereich der industriellen Beziehungen hat die EU in den 80er Jahren allmählich Fahrt aufgenommen. In der Einheitlichen Europäischen Akte wurde die Kommission beauftragt, „den Dialog zwischen den Sozialpartnern auf europäischer Ebene zu entwickeln, der, wenn diese es für wünschenswert halten, zu vertraglichen Beziehungen führen kann." Dazu wurde ein Wirtschafts- und Sozialausschuß (WSA) eingerichtet, eine Art zweite bzw. dritte Kammer neben dem europäischen Parlament und dem Ausschuß der Regionen, welche die Verbände der Arbeitgeber, der Arbeitnehmer und der verschiedenen sonstigen Interessengruppen umfaßt. Bislang haben sich die europäischen Dachverbände auf zwei Abkommen geeinigt. 1996 wurden Mindestregelungen zum Erziehungsurlaub vereinbart, 1997 haben sie sich auf ein Gerüst von Mindestrechten für Teilzeitbeschäftigte verständigt.

Zu guter letzt: Die Perspektiven einer europäischen Sozialpolitik sind so schlecht nicht, wie bisweilen mit Verweis auf die augenblicklich dürftige soziale Ausgestaltung und den fehlenden sozialen und politischen Zusammenhalt der Europäischen Union unterstellt wird. Die Gemeinschaft besitzt auf sozialpolitischem Gebiet durchaus Kompetenzen. Das geltende EU-Recht kennt zwar keine Grundrechte im eigentlichen Sinne, wohl aber kann es – u.a. über den Europäischen Gerichtshof, dessen Bedeutung ganz generell stark unterschätzt wird – gegen Maßnahmen in Anschlag gebracht werden, die gegen die Herstellung eines einheitlichen Marktes verstoßen. Das Recht der sozialen Sicherheit der EU ist denn auch besonders hinsichtlich des Ziels, die ungehinderte Wanderung der Arbeitnehmer zu ermöglichen, am weitesten entwickelt. In diesem Zusammenhang wurde besonders auf die Gleichberechtigung weiblicher Arbeitnehmer geachtet.

In den Maastrichter Vertrag wurde ein „Sozialprotokoll" aufgenommen, das für begrenzte sozialpolitische Bereiche auch qualifizierte Mehrheitsentscheidungen des Rates vorsieht, also nicht von einem einzigen Mitgliedsland blockiert werden kann. Auf dieser Basis wurde eine Arbeitszeitrichtlinie beschlossen, die als Mindestvorschrift die wöchentliche Regelarbeitszeit auf 48 Stunden beschränkt und einen jährlichen Mindesturlaub von vier Wochen in allen Ländern der EU vorsieht. Nach Jahren zäher Verhandlung und in leicht verwässerter Form wurde im September 1994 der Europäische Betriebsrat Rechtswirklichkeit. Ein solcher ist für alle Unternehmen mit mindestens 1000

Beschäftigten in der Gemeinschaft und zugleich mindestens zwei Betrieben in zwei verschiedenen Mitgliedsstaaten mit ihrerseits jeweils 150 Beschäftigten vorgesehen. Er hat zwar keine Mitbestimmungs-, aber doch fest umrissene Anhörungs- und Konsultationsrechte.

Die Sozialunion bekam durch die Siege der Sozialisten in Großbritannien und Frankreich 1997 neuen Auftrieb. In der Folge wurde der fiskalische Stabilitätspakt um ein Beschäftigungskapitel ergänzt, das in den Maastricht-II-Vertrag aufgenommen wurde. Darin ist eine stärkere Koordinierung der Beschäftigungspolitik der EU-Mitglieder, die Übernahme des Sozialprotokolls in den EU-Vertrag sowie eine stärkere beschäftigungsrelevante Ausrichtung des EU-Sozialfonds vorgesehen. Dennoch spricht wenig für die Erwartung der Optimisten, daß sich die europäische Sozialpolitik zu einem supranationalen Sozialstaat in absehbarer Zeit entwickeln könnte. Zwar gibt es in Westeuropa durchaus sozialpolitische Eigenheiten, die es etwa von den USA abgrenzen (Immerfall 1996b), doch sind Arbeitsbeziehungen und Muster der Sozialstaatlichkeit in den Mitgliedsländern zu unterschiedlich, als daß sie sich einem übergreifenden Muster fügten (Ebbinghaus/Visser 1997). Gerade auf dem Gebiet der Sozialpolitik stehen jeder Vergemeinschaftung erhebliche Hindernisse entgegen. Nicht zuletzt stellen die hohen Konsenserfordernisse eine Hürde für eine positiv gestaltende Politik der Gemeinschaft dar (Scharpf 1994). Vereinbarungen erscheinen aber als möglich, wenn sie dem ökonomischen Entwicklungsstand und den Sozialkulturen der Mitgliedsländer Rechnung tragen. Für die deutsche Standortpolitik ergibt sich daraus, daß die Soziale Marktwirtschaft mit ihrer Zielvorgabe des Ausgleichs der ökonomischen und sozialen Belange durch die EU und ihren Binnenmarkt weder unmöglich noch überflüssig gemacht wird.

3.4 Strukturwandel und Globalisierung

Von den vier Bereichen, die in Kap. 3 als die großen Herausforderungen für das Modell Deutschland angesehen werden, sind Strukturwandel und Globalisierung diejenigen, mit denen auch alle anderen modernen Gesellschaften zurechtkommen müssen. Im folgenden wird diskutiert, ob Anzeichen dafür sprechen, daß es Deutschland besonders schwer fällt, mit diesen Herausforderungen umzugehen. Diese Diskussion erfolgt zunächst für Prozesse des Strukturwandels (3.4.1) und wird anschließend auf die der Globalisierung ausgedehnt (3.4.2). Der Begriff Globalisierung ist derzeit in aller Munde, so daß es angebracht ist, sich über seinen Gebrauch zu verständigen (3.4.2.1) und ihn für verschiedene Bereiche differenziert zu betrachten (3.4.2.2 bis 3.4.2.5). Ein Resümee (3.4.3) schließt das Kapitel ab.

3.4.1 Strukturwandel als Daueraufgabe

Die Wirtschaft einer Gesellschaft ist keine statische Veranstaltung, sondern ständigen Veränderungen unterworfen. Derjenige Teil von Veränderungen, der damit zusammenhängt, daß

- über die Zeit die gesamtwirtschaftliche Nachfrage nach bestimmten Gütergruppen steigt, während sie für andere sinkt,
- durch technischen Fortschritt neue Produktionsverfahren ermöglicht und Produktionsfaktoren freigesetzt werden und
- Produktionsfaktoren einmal mehr und einmal weniger ausreichend verfügbar sind und sich wichtige Produktionsmittel erschöpfen können,

wird in den Wirtschaftswissenschaften allgemein als Strukturwandel bezeichnet. So läßt z.B. der Wandel in den Familienstrukturen (kleinere Familien, Zwei-Generationen-Haushalte, wachsende Zahl von Einpersonenhaushalten) die Nachfrage nach sozialen Dienstleistungen steigen. Um in Westdeutschland noch Kohle fördern zu können, muß in immer größere Tiefen vorgedrungen werden, was ihre preisliche Konkurrenzfähigkeit gegenüber Importkohle schmälert. Strukturwandelprozesse können sehr langsam über Jahrzehnte hinweg ablaufen, sie können aber auch schnell und unvermittelt hereinbrechen. Die auf die politischen Umwälzungen in den Ostblock-Staaten und speziell in der DDR folgende Umgestaltung der Wirtschaftssysteme erfolgte so rasch, daß man in diesem Fall von einem Strukturbruch und einem Transformationsschock sprechen muß (vgl. Kap. 3.1, 3.2). Verschiebungen und Veränderungen dieser Art erfordern eine anpassungsfähige Wirtschaft, die sich auf neue Nachfragestrukturen, Produktionsverfahren und Ressourcenengpässe schnell einstellen kann. Hierbei ist es durchaus möglich, daß Teilbereiche der Wirtschaft so reagibel sind, daß zunächst eine überschießende Anpassung erfolgt. Ein Beispiel hierfür ist das starke Engagement westdeutscher Handelsketten in den neuen Ländern von 1990 an. Hier ist abzusehen, daß Teile der seitdem erstellten Verkaufsflächen auf zu großen

Umsatzerwartungen beruhen und in den nächsten Jahren reduziert werden müssen. Ähnliches gilt für die Kapazitäten der ostdeutschen Bauwirtschaft, die sich nach dem Auslaufen steuermindernder Abschreibungsregelungen und einer zurückhaltenderen Auftragsvergabe durch die öffentliche Hand als zu stark aufgebläht erweisen.

Ist der Produktionsfaktor Arbeit vom Strukturwandel betroffen, wird die Politik in der Regel versuchen, seine Folgen für die betroffene Arbeitnehmerschaft abzuwenden oder wenigstens zu mildern. Derartige politische Strategien bergen das Risiko dauerhafter Subventionierung von Wirtschaftszweigen: Als Paradebeispiel hierfür gilt die sich inzwischen über Jahrzehnte erstreckende Subventionierung des westdeutschen Steinkohlebergbaus. Nach Erhebungen der EG-Kommission gewährt niemand in Europa seiner Industrie so viele Beihilfen wie Deutschland, nämlich 2. 012 ECU per Beschäftigten; nach Angaben des Kieler Weltwirtschaftsinstituts sind es sogar noch mehr (Financial Times, 7. Oktober 1997). Je länger die Stützungen unrentabler Produktionen durch die staatliche Hand anhalten, desto stärker nehmen mit der Zeit der Subventionsbedarf zu und die Bereitschaft der Begünstigten ab, sich den marktwirtschaftlichen Realitäten zu stellen. Es bildet sich eine Subventionsmentalität heraus, die gesamtwirtschaftlich bedenklich ist, weil sie den Wirtschaftssubjekten starke Anreize vermittelt, ihre Anstrengungen auf Verteilungskämpfe zu konzentrieren, um Einkommenstransfers zu erzwingen. Dagegen werden die Anreize geschwächt, sich produktiv und wachstumsfördernd zu betätigen, was die ersten Schritte hin zu einer „Rent-Seeking-Society" bedeuten kann – zu einer Gesellschaft, in der viele Akteure versuchen, überhöhte Erträge (Renten) durch politischen Einfluß zu erzielen und dem Wettbewerb zu entgehen (Lange 1996: 35).

Für die Kumpel der ostdeutschen Braunkohlenreviere kamen die Vereinigung und der damit verbundene Strukturbruch so plötzlich, daß ihre kollektive Gegenwehr gegen den Verlust ihrer Arbeitsplätze gering blieb. Für die Kumpel des Ruhrgebiets war dagegen im Frühjahr 1997 bereits die Andeutung, daß die staatlichen Zuschüsse von 1998 an allmählich zurückgefahren würden, Anlaß, nach bewährter Manier mit Gewaltdrohungen und Kooptation sozialdemokratischer und gewerkschaftlicher Verbandsmacht einen Subventionsabbau zu verhindern. Dieses Verharren in einmal etablierten Wirtschaftsweisen ist zugleich ein wichtiges Indiz für die noch anhaltende Strukturkrise des Ruhrgebiets als einer zentralen deutschen Wirtschaftsregion. Dort findet sich zwar inzwischen die höchste Dichte an Technologie- und Gründerzentren und anderen innovationsfördernden Einrichtungen in Deutschland überhaupt, jedoch hat dieser konzentrierte Einsatz regionalpolitischer Instrumente bisher nicht dazu geführt, daß die traditionelle Orientierung an der Montanindustrie der Vergangenheit angehört. Dies verdeutlicht gleichzeitig, wie schwer sich manche Regionen tun, dort etablierte Wirtschaftsweisen zugunsten neuer zukunftsweisender Aktivitäten aufzugeben, wenn sich gleichzeitig Subventionsmentalitäten verfestigt haben. Dabei gilt die Regel, daß die aufgrund des Strukturwandels erforderlichen Anpassungen um so schmerzhafter für eine Region ausfallen, je länger sie verzögert werden.

Trotz dieser deutlich hervortretenden Tendenzen zur Subventionierung einzelner Wirtschaftszweige ist das bundesdeutsche Wirtschaftssystem hierdurch in seiner Funktionsweise bisher nicht stark beeinträchtigt worden. Der Handlungsspielraum der französischen Regierung war bisher durch das Anspruchsdenken gesellschaftlicher Teilgruppen vergleichsweise viel stärker eingeengt. Die Frage des Umgangs mit dem symbol- und identifkationsträchtigen Kohlebergbau beschäftigt viele europäische Länder in ähnlicher Weise und wird vielleicht durch den Prozeß der europäischen Integration entschärft, der die noch vorhandenen Reste nationaler Autarkievorstellungen im Energiebereich zunehmend antiquiert erscheinen läßt.

Staatliche Interventionen mit dem Ziel, die negativen Folgen des Strukturwandels abzufedern, sind in jenen Fällen gerechtfertigt und notwendig, wo der Fortbestand ganzer Regionen auf dem Spiel steht. Der Gefahr, daß eine Region durch Betriebsstillegungen, Fortzug von Personen im Erwerbsalter und Verfall der gebauten Infrastruktur der „passiven Sanierung“ (vgl. Kap. 3.1.2) anheimfällt, wird in Deutschland auf der Grundlage des Postulats der „Einheitlichkeit der Lebensverhältnisse“ (Art. 72 Grundgesetz und § 1 Raumordnungsgesetz) durch den Einsatz regionalpolitischer Maßnahmen begegnet. Der föderale Aufbau der Bundesrepublik macht es wahrscheinlich, daß bereits in der Entstehungsphase größerer regionaler Disparitäten frühzeitig Rückmeldungen im politischen System erfolgen und Maßnahmen zum Einsatz kommen, die auf die regionalen Besonderheiten zugeschnitten sind. Über die Effizienz des Mitteleinsatzes wachen mittelfristig diejenigen Bundesländer, die als Nettozahler im Länderfinanzausgleich zur Finanzierung solcher regionalpolitischen Maßnahmen herangezogen werden.

Um die zukünftige Richtung vorherzusagen, die der Strukturwandel nehmen könnte, wird am häufigsten auf die auf Fourastié zurückgehende Drei-Sektoren-Hypothese zurückgegriffen. Diese Hypothese besagt, daß sich in industrialisierten Gesellschaften der Schwerpunkt der ökonomischen Aktivitäten immer stärker auf den dritten Sektor – den Dienstleistungsbereich – verlagern wird, während primärer (Landwirtschaft) und sekundärer Sektor (Industrie) an Gewicht verlieren werden (Materialien 28). Dementsprechend wird der Tertiärisierungsgrad einer Gesellschaft auch gern als Indikator dafür herangezogen, um deren erreichten Stand der Modernität zu beurteilen. In Anbetracht seines Wirtschaftspotentials wird Deutschland diesbezüglich in regelmäßigen Abständen ein Dienstleistungsdefizit attestiert, vor allem im Vergleich zu den USA (Materialien 29). Inzwischen gibt es schon fast eine Bibliothek an Literatur darüber, ob diese Unterschiede rein statistischer Natur oder tatsächlich vorhanden sind. Wenn objektive Indikatoren mehrdeutig bleiben, wird dann zusätzlich eine unterschiedliche „Dienstleistungs-Mentalität" bemüht. Tatsächliche Unterschiede gibt es zwischen beiden Ländern sicherlich dahingehend, daß US-amerikanische Firmen größere Anteile ihrer Aktivitäten auf unternehmensbezogene Dienstleister auslagern (Outsourcing, Subcontracting). Deutsche Unternehmen haben dagegen bisher dazu tendiert, viele Dienstleistungen unterm eigenen Dach zu erstellen. In dieser Hinsicht wird sich in den kommenden Jahren noch einiges ändern, und unternehmensbezogenen Dienstleistern werden sich neue Marktchancen eröffnen. Diese Entwicklung wird zusätzlich dadurch gefördert, daß die Regierungen in Ländern mit hoher Regulierungsdichte und mit vielen öffentlichen Monopolbetrieben von anderen Ländern mit erfolgter Deregulierung in diesen Bereichen zunehmend unter Druck gesetzt werden, nachzuziehen, um Wettbewerbsgleichheit herzustellen (vgl. dazu Abschn. 3.4.2.5). Dies führt gegenwärtig in Deutschland zur Gründung zahlreicher Firmen im Bereich Telekommunikation, und zukünftig wird sich in den Bereichen der Postsendungen und der Energieversorgung ähnliches tun, sobald die öffentlichen Unternehmen ihre Monopolstellung verlieren.

3.4.2 Dimensionen des Globalisierungsprozesses

Seit Beginn der 90er Jahre werden Phänomene des Wirtschaftslebens immer häufiger aus der Perspektive der Globalisierung interpretiert:

Expandierende multinationale Unternehmen setzen sich mehr und mehr über nationale Schranken und Bestimmungen hinweg, verlagern scheinbar nach Gutdünken ihre Produktion von einem Land in das andere und sorgen dafür, daß sich das Angebot an Konsumgütern, die darauf abgestimmte Werbung und die hiermit propagierten Lebensstile weltweit immer stärker gleichen können.

Globalisierung erweckt Hoffnungen und Befürchtungen zugleich. Einwohner weniger entwickelter Länder und in Ländern mit niedrig bewerteter Währung hoffen auf mehr Arbeitsplätze durch einen Zustrom ausländischen Kapitals und den Aufbau neuer Produktionsanlagen. Bewohner von Hochlohnländern befürchten im Gegenzug Einschnitte bei den Arbeitseinkommen sowie den sozialen Errungenschaften und den Abzug von Produktionskapazitäten. Ist Globalisierung – so die vielerorts gestellte Frage – gleichbedeutend mit der endgültigen Durchsetzung des „Kapitalismus pur", der keinerlei soziale Dämpfungsmechanismen mehr duldet?

Im Kern des Konzepts, wie es hier verwendet wird, stehen ökonomische Vorgänge, die auf staatenübergreifende Expansion und Arbeitsteilung zielen. Diese werden möglich aufgrund neuer

- technischer Voraussetzungen (Kommunikations- und Transporttechnik),
- rechtlicher Regelungen (internationale Abkommen, Durchlässigkeit von Ländergrenzen: Immerfall et al. 1998)
- und Ausbildungserfolge von Entwicklungsländern (Franz 1997: 848).

Diese Ausgangslage ist relativ gestaltungsoffen, d.h. sie legt noch nicht die Form fest, in der sich Globalisierung äußert. Auf der Grundlage der genannten Voraussetzungen entfalten sich verschiedene Teilprozesse der Globalisierung, die jeweils einer unterschiedlichen internen Logik „gehorchen" (vgl. auch Gordon 1995: 162):

a) die Internationalisierung des Handels (3.4.2.2),
b) die Multinationalisierung von Produktion und Unternehmen (3.4.2.3),
c) die unternehmens- und länderübergreifende Organisierung von Innovationen (3.4.2.4) und
d) das Vordringen des Markt- und Wettbewerbsprinzips in gesellschaftliche Teilbereiche, die bisher durch außerökonomische Maximen geleitet waren (3.4.2.5).

Aus den Punkten a) – d) wird ersichtlich, daß Globalisierung kein einfach zu messendes und z.T. widersprüchliches Phänomen ist. In unserem Zusammenhang kommt es hier nur darauf an, die Konsequenzen dieser Teilprozesse für das Modell Deutschland zu behandeln.

Sobald man nach empirischer Evidenz für eine Intensivierung von Globalisierungsprozessen sucht, stößt man auf die Diskrepanz, daß dem raschen Aufstieg des Themas in der Öffentlichkeit kein Globalisierungsschub in den Zahlen der Wirtschaftsstatistik entspricht. Aktuelle Untersuchungen deutscher Wirtschaftsforschungsinstitute zum Thema Globalisierung zeigen, daß von einem solchen Globalisierungsschub keine Rede sein kann (HWWA 1995; Löbbe et al. 1997). Einem Schubphänomen entspricht noch am ehesten die Zunahme des international fluktuierenden spekulativen Kapitals in den vergangenen Jahren (Menzel 1996: 37ff.).

3.4.2.1 Täter/Opfer, Gewinner/Verlierer der Globalisierung

Sobald einem gesellschaftlichen Phänomen – wie hier der Globalisierung – eine sehr große Bedeutung zugeschrieben wird, erhebt sich die Frage nach den treibenden, verantwortlichen Kräften sowie nach Gewinnern und Verlierern. Zuvorderst ist an dieser Stelle festzuhalten, daß der Globalisierungsprozeß keine neue Erscheinung ist, die erst in den letzten Jahren hervorgetreten wäre, sondern sich in der Form eines zunehmend internationalisierten Handels bereits in den Blütezeiten der Hanse, der italienischen Stadtstaaten und des Kolonialzeitalters entfaltet (Braudel 1991). Globalisierung ist schon immer in jenen Perioden vorangeschritten, in welchen sich marktwirtschaftliche Kräfte ohne größere politische und/oder militärische Störungen entfalten konnten. So weisen einige Globalisierungsindikatoren im Bereich internationalen Handels bereits für die relativ störungsfreie Periode vor dem Ersten Weltkrieg hohe Werte auf, die erst in den 80er Jahren dieses Jahrhunderts wieder erreicht wurden. Als technologische Basisinnovation hierfür gilt die Verlegung des ersten Überseekabels zwischen Europa und Nordamerika im Jahr 1866, die nach Einschätzung von Irwin (1996: 44) einen größeren Effekt auf den internationalen wirtschaftlichen Austausch gehabt haben dürfte als alle nachfolgenden Entwicklungen auf dem Feld der Kommunikationstechnik.

Dieser kurze historische Rückblick soll verdeutlichen, daß Globalisierung keinem Plan weniger Akteure entspringt, sondern dem Kapitalismus inhärent ist und zur Wirkung kommt, sobald Austauschbeziehungen sich entwickeln und expandieren können. Allerdings profitieren bestimmte Akteure in besonderer Weise davon, daß neue Ressourcen erschlossen und Handelsvorteile realisiert werden. Die Erfahrung zeigt, daß der Zugewinn an ökonomischer Macht früher oder später auch einen Zuwachs an politischer Macht nach sich zieht. Auf der anderen Seite hat es auch in der Vergangenheit bereits Bevölkerungsgruppen gegeben, deren Existenzgrundlagen durch diese Austauschbeziehungen und die Erschließung neuer Ressourcen infragegestellt worden sind, wie z.B. Teile der mittelenglischen Landbevölkerung nach Einsetzen der Einfuhr von Baumwolle aus den Kolonien und der Umstellung der Textilindustrie auf diesen Rohstoff. Globalisierung erweist sich somit als wesentlicher Motor des Strukturwandels und bringt Verlierer oder Opfer nicht nur in jüngster Zeit hervor.

In den Medien werden die Auswirkungen der Globalisierung häufig zu vereinfacht dargestellt, indem z.B. ein bestimmtes Land als ihre treibende Kraft oder als ihr Hauptopfer dargestellt werden. Mit dem zuvor Gesagten soll jedoch herausgestellt werden, daß sich innerhalb eines Landes fast immer Gewinner und Verlierer ausmachen lassen, daß es Gruppen gibt, die ein Interesse haben, den Globalisierungsprozeß zu forcieren und konträr dazu auch Gruppen, die für sich nur Nachteile erkennen können. So nimmt derzeit der wohl größere Teil der deutschen Bevölkerung Globalisierung als Bedrohung wahr, gleichzeitig sind viele deutsche Unternehmen aber auch treibende Kraft dieses Prozesses. Diese Ambivalenzen sollen in den folgenden Abschnitten noch deutlicher herausgearbeitet werden.

3.4.2.2 Globalisierung des Handels

Wäre der Globalisierungsprozeß allein auf den Handel – genauer auf den Güterimport und -export – beschränkt, so müßte Deutschland als einer der wichtigsten Exporteure zu seinen Hauptgewinnern zählen. Deutschland hat seit längerer Zeit hinter den USA weltweit den zweithöchsten Außenhandelsumsatz und in der Vergangenheit diverse Konjunkturtäler und Absatzkrisen im Inland durch intensivierte Exportanstrengungen zumindest abmildern können. Dementsprechend tritt die deutsche Regierung in Verhandlungsrunden zu internationalen Zoll- und Handelsabkommen fast durchweg als Fürsprecher des weiteren Abbaus von Handelshemmnissen auf. Für Deutschland trifft auch die in der These der Globalisierung enthaltene Vorhersage zu, daß der internationale Güteraustausch für eine Volkswirtschaft mit der Zeit zahlenmäßig an Gewicht zunimmt: Von 1970 bis 1990 ist das Bruttoinlandsprodukt (BIP) in der Bundesrepublik um 62,5% gewachsen, während im gleichen Zeitraum der Warenexport um mehr als das 2,6-fache, der Warenimport um mehr als das 2,5-fache zunahm (Lüdemann 1996: 121). Allerdings war der Anteil des Warenexports am BIP zu Beginn der 90er Jahre wieder rückläufig, was damit zu tun hat, daß ein Teil der Warenströme vorübergehend in die neuen Länder umgelenkt wurde (vgl. Abschn. 3.1.1).

Trotz dieser wachsenden Bedeutung von Import und Export sind die Länder mit den höchsten Exportquoten nicht diejenigen, deren Volkswirtschaft am stärksten auf den internationalen Austausch spezialisiert sind. In dieser Hinsicht weisen kleinere exportorientierte Länder wie die Niederlande, Belgien oder Irland deutlich höhere Werte der Offenheit ihrer Volkswirtschaft auf, d.h. dem Anteil der Importe und Exporte am Bruttoinlandsprodukt (Materialien 30). Die Veränderungen des Offenheits-Index seit 1952 lassen erkennen, daß durch die internationale Handelsverflechtung kein Globalisierungsschub eingetreten ist .

Die Zuordnung der Warenströme des deutschen Außenhandels zu Ziel- und Ursprungsländern zeigt, daß sich Import und Export auf bestimmte Weltregionen konzentrieren, wobei Westeuropa mit einem Anteil von zwei Dritteln mit weitem Abstand führt (Materialien 26). Eine Ausnahme bilden der Import von traditionellen Konsumgütern, von Büromaschinen und von Elektronik, wo außereuropäische Lieferanten stärker vertreten sind. Die Globalisierung des Handels ist somit in weiten Teilen eher als Europäisierung zu bezeichnen. Der deutsche Export setzt sich aus einer Vielzahl von Warengruppen zusammen, unter denen Straßenfahrzeuge, und Maschinenbau-, chemische und elektrotechnische Erzeugnisse eine Spitzenstellung einnehmen, aber nicht dominieren (Materialien 31). Dies spiegelt die diversifizierte deutsche Industriestruktur wider, deren Stärken bei qualitativ hochwertigen Produkten etablierter Technologiebereiche liegen. Produkte neuer Technologien finden sich jedoch nur in geringem Maße darunter.

Dem Güteraustausch entsprechen gegenläufige Geldströme. Dieser Zahlungsverkehr wurde in der Vergangenheit ergänzt durch Einrichtungen wie Warenterminmärkte, Bürgschaften und Geschäfte zur

Wechselkurssicherung, die die Risiken des Handels- und Zahlungsverkehrs verringern sollten. In den letzten Jahren sind diese Instrumente des Geld- und Kapitalmarkts jedoch immer stärker über den Umfang des Warenaustauschs hinausgewachsen und haben Eigendynamik gewonnen. Dies bezieht sich zum einen auf das Volumen, zum andern auf seine Differenzierung durch ständig neue Varianten von Optionen, „Futures“, „Swaps“ sowie weiteren Geldderivaten und „Zukunftswetten“ (Materialien 32). Die technologischen Voraussetzungen für diese explosionsartige Entwicklung lieferte die weltweite elektronische Vernetzung der Börsenplätze. Diese hat „nicht nur die Probleme der Überwindung von Raum und Zeit gelöst, sie hat es auch möglich gemacht, Dienstleistungen in einzelne Komponenten zu zerlegen (...) und sie damit international handelbar zu machen“ (Menzel 1995: 35). Aufgrund der weiter fortgeschrittenen Deregulierung des Finanzbereichs in den angelsächsischen Ländern sind diese führend bei solchen „Finanzinnovationen“, während in Deutschland durch die Deutsche Bundesbank in dieser Hinsicht bisher noch restriktiver verfahren wird. Dies wird insbesondere von Kreisen, die an der Einführung derartiger Finanzinstrumente interessiert sind, als Standortnachteil kritisiert. Angesichts der Krisenanfälligkeit und der spekulativ bedingten hohen Wertschwankungen einiger Instrumente erscheint die Bundesbank jedoch gut beraten, die Solidität des Finanzplatzes Deutschland obenan zu stellen.

3.4.2.3 Globalisierung der Produktion

Während die Ausweitung des Außenhandels die älteste Form von Globalisierung darstellt, sind Bestrebungen von Unternehmen, ihre Produktion auf verschiedene Länder zu verteilen, erst seit dem späten 19. Jahrhundert zu beobachten. Größere Unternehmen gründeten Auslandsgesellschaften, um den Zugang zu wichtigen Rohstoffen abzusichern und um Märkte von dort aus besser zu erschließen. Hiermit war der Grundstein gelegt für den Prototyp multinationaler Unternehmen („Multis“), die heute die zentralen Akteure einer globalisierten Produktion darstellen. Diese Ausdehnung in internationalem Maßstab wird von zwei Motiven gespeist: Dem, ausländische Märkte für die eigenen Produkte besser zu erschließen, was z.B. dazu führt, daß Mercedes ein Zweigwerk in den USA errichtet. Das zweite Motiv besteht darin, die Produktionskosten zu minimieren, indem unternehmensintern neue Organisationsformen, neue Formen der Arbeitsteilung und neue Technologien in internationalem Maßstab umgesetzt werden. Häufig sind die „Multis" diesbezüglich Vorreiter und haben in dieser Hinsicht Vorteile gegenüber nur regional oder national aktiven Unternehmen. Das Management der Konzernzentralen macht sich bei seinen Befehls-, Koordinations- und Controlling-Aktivitäten ein Potential nutzbar, das durch neue Entwicklungen der Kommunikationstechnologie erst vor kurzem entstanden, aber inzwischen weltweit anwendbar ist. Zentrales Element dieser neuen Leitungsstrukturen ist der ständige, fast ohne Zeitverlust und aus allen Teilen der Welt mögliche Informationsfluß in Form von Rückmeldungen zu den Folgen zuvor getroffener Entscheidungen (Feedback-Schleifen).

Als wichtigster Indikator für die Globalisierung der Produktion gilt das Ausmaß ausländischer Direktinvestitionen. Solche Investitionen werden von den Unternehmen im Ausland getätigt, um neue eigene Betriebe zu errichten, bestehende Betriebe zu erweitern oder, um existierende Unternehmen ganz oder teilweise zu übernehmen. Weltweit fließen inzwischen mehr als 80% der ausländischen Direktinvestitionen in Beteiligungs- und Übernahmegeschäfte. Eine Unternehmensbeteiligung muß mindestens 10% erreichen, um statistisch als Direktinvestition registriert zu werden (Jost 1997: 3). Leider wird die statistische Erfassung von Land zu Land unterschiedlich gehandhabt, so daß zwischen den Länderstatistiken größere Differenzen auftreten. Daneben ist zu berücksichtigen, daß einmal investiertes Kapital auch wieder abgezogen werden kann (Desinvestitionen, Entnahme von Gewinnen). Direktinvestitionsströme stellen also eine Saldogröße dar. Der Standort Deutschland wird vom Strom der Direktinvestitionen in mehrerlei Weise beeinflußt:

- von den Auslandsinvestitionen deutscher Unternehmen,
- von den nach Deutschland fließenden Direktinvestitionen ausländischer Unternehmen,
- vom Verhältnis der aus a) und b) resultierenden Investitionsströme.

Zu a) *Auslandsinvestitionen deutscher Unternehmen:* 1996 haben deutsche Unternehmen ungefähr zehnmal soviel im Inland als im Ausland investiert. Diese Verhältnis entspricht ungefähr dem amerikanischen, während britische Firmen und Firmen in kleineren westeuropäischen Volkswirtschaften vergleichsweise mehr im Ausland investieren (Commerzbank 1997).

Aufgrund der starken Exportorientierung zahlreicher deutscher Industriebranchen liegt der Schluß nahe, daß insbesondere diese Branchen als Investoren im Ausland aktiv werden, um ihre Marktposition zu verbessern. Dementsprechend haben sich zwischen 1984 und 1991 die deutschen Direktinvestitionen verdreifacht und im letztgenannten Jahr entsprechend der Deutschen Zahlungsbilanzstatistik den bisherigen Höchstbetrag von 39,3 Milliarden DM erreicht (Materialien 33). Zieht man die ausländischen Zahlungsbilanzstatistiken heran, so wird dort allerdings nur ein Wert von 16,3 Milliarden DM nachgewiesen (Materialien 33). Die deutschen Direktinvestitionen im Ausland entwickeln sich weitgehend parallel zu den Exporten, was auch für die regionalen Schwerpunkte gilt. Fast 60% des gesamten deutschen Investitionsbestands – insgesamt mehr als 300 Milliarden DM – war 1993 in den Ländern der EU und der EFTA konzentriert, ein knappes Viertel in den USA und nur 2% in Mittel- und Osteuropa (Materialien 34). Als Großinvestor im Ausland tritt die chemische Industrie hervor, deren Auslandsproduktion inzwischen die Inlandsproduktion übertrifft. Auf die vier exportstärksten Sektoren des Straßenfahrzeugbaus, der Chemie, des Maschinenbaus und der Elektrotechnik entfallen 78% der Investitionen in ausländische Produktionsanlagen (Löbbe et al. 1997: 117). Direktinvestitionen werden insbesondere von Großunternehmen getätigt, die international überdurchschnittlich wettbewerbsfähig sind.

Zu b) *Ausländische Direktinvestitionen in Deutschland:* Im Unterschied zu den deutschen Auslandsinvestitionen finden in der Diskussion um den Standort Deutschland die ausländischen Direktinvestitionen ungleich stärkere Beachtung. Fatalerweise klaffen gerade bei dieser Größe die statistischen Messungen so stark auseinander, daß daraus sehr gegensätzliche Einschätzungen abgeleitet werden. Während die Deutsche Zahlungsbilanzstatistik in der Dekade von 1984 bis 1994 einen Gesamtwert von 43,2 Milliarden DM ausweist, addieren sich die auf Deutschland entfallenden Werte der Zahlungsbilanzstatistiken von 18 OECD-Ländern für den gleichen Zeitraum auf 137,2 Milliarden DM, eine Diskrepanz von mehr als 300% (Materialien 35). Je nachdem, welche Statistik man heranzieht, ergibt sich ein konträres Bild. Vergleicht man z.B. für den genannten Zeitraum (1984 – 1994) die Direktinvestitionszuflüsse nach Deutschland mit jenen nach Frankreich und Großbritannien – zwei direkten Konkurrenten Deutschlands für ausländisches unternehmerisches Kapital – und bezieht sich auf die jeweilige nationale Zahlungsbilanzstatistik, so stehen den Direktinvestitionen in Höhe von 21 Milliarden US-Dollar in Deutschland 85 Milliarden US-Dollar in Frankreich und 152,5 Milliarden US-Dollar in Großbritannien gegenüber (Jost 1997: 21). Beruft man sich hingegen auf die Statistiken der Investorenländer, so ergeben sich Werte von 80,5 Milliarden US-Dollar (Deutschland), 77 Milliarden US-Dollar (Frankreich) und 194,5 Milliarden US-Dollar (Großbritannien) (ebd.). Großbritannien bleibt in beiden Fällen das bevorzugte Land für Investoren, jedoch kehrt sich die Reihenfolge zwischen Deutschland und Frankreich um. Entsprechend dieser Statistik nahm die Attraktivität Deutschlands als Investitionsstandort zwischen 1989 und 1992 zu, um danach wieder steil abzufallen (Materialien 36). Für das Jahr 1996 ergeben sich aus der Deutschen Zahlungsbilanzstatistik zum ersten Mal Desinvestitionen des Auslands in Höhe von 4,9 Milliarden DM.

Insgesamt gesehen ist der *Bestand* der Investitionen ausländischer Unternehmen in Deutschland bis 1993 auf etwas mehr als 200 Milliarden DM angewachsen (Materialien 37), die Desinvestitionen haben also nicht überwogen. Bedenklich stimmt allerdings der Trend, daß Gewinne aus Investitionen immer häufiger nicht re-investiert, sondern aus Deutschland abgezogen werden.

Zu c) *Das Verhältnis deutscher und ausländischer Direktinvestitionen:* Ungeachtet der statistischen Diskrepanzen bei den Investitionszuflüssen nach Deutschland steht fest, daß seit 1980 sowohl der Bestand deutscher Direktinvestitionen im Ausland als auch der Bestand ausländischer Direktinvestitionen in Deutschland stetig angewachsen ist (Materialien 37). Dies bedeutet, daß die deutsche Wirtschaft in kontinuierlich zunehmendem Maße in die internationale Wirtschaft eingebunden wird, wobei die deutschen Unternehmen dies selbst aktiver betreiben als die ausländischen Unternehmen. Dies kann man auch als Zeichen der finanziellen Stärke und der hohen Wettbewerbsfähigkeit eines Teils der deutschen Unternehmen interpretieren, die mit ihrem Verhalten den Globalisierungsprozeß vorantreiben. In der öffentlichen Diskussion wird dieses Verhalten häufig sehr einseitig nur nach dem Gesichtspunkt beurteilt, ob damit deutsche Arbeitsplätze gefährdet werden. Dies mag kurzfristig die Folge sein, doch ist auch zu berücksichtigen, daß globalisierende Unternehmen mittelfristig Vorteile in Form der Erschließung zusätzlicher Märkte, verbesserter interner Arbeitsteilung und von Kostensenkungen bei der Produktion (economies of scale) realisieren können, welche insgesamt die Wettbewerbsfähigkeit verbessern.

Die Investititionszuflüsse nach Deutschland und die deutschen Auslandsinvestitionen sind nicht deckungsgleich, was ihre sektorale Verteilung angeht. Während die Hälfte der deutschen Investitionen in das produzierende Gewerbe im Ausland fließt, investieren ausländische Unternehmen in überwiegendem Maße im Dienstleistungssektor (Haschke 1995: 11). Dies ist ein grober Hinweis darauf, daß mit dem Engagement ausländischer Firmen der Strukturwandel in Deutschland in Richtung einer zunehmenden Tertiärisierung gefördert wird.

Alles in allem besitzt die deutsche Wirtschaft zahlreiche Akteure, die im Globalisierungsprozeß aktiv agieren und diesen mitgestalten. Demgegenüber ist auf der Zuflußseite der Investitionen zu konstatieren, daß Deutschland durch ausländische Beteiligungen und Übernahmen weniger in die internationale Wirtschaft eingebunden wird, als von seiner wirtschaftlichen Stellung her zu erwarten wäre. Auch die sich durch die Vereinigung neu eröffnenden Gelegenheiten in Ostdeutschland sind von ausländischen Unternehmen nur unterdurchschnittlich genutzt worden. Ob dies mit einer dauerhaften Standortschwäche oder mit vorübergehenden Nachteilen zusammenhängt, wird noch zu diskutieren sein.

3.4.2.4 Globalisierung der Innovation

Neben der Ausweitung und Intensivierung des internationalen Handels und den verstärkten internationalen Aktivitäten der „Multis“ wird die Globalisierung im Bereich der Wirtschaft von einem dritten Teilprozeß geprägt, der vom Motiv angetrieben wird, Wettbewerbsvorteile durch Innovationen zu erringen. Technologische Innovationen entstehen jedoch immer weniger unternehmensintern in einer isolierten Umwelt, sondern aus dem Zusammenwirken von Unternehmen mit anderen Unternehmen oder mit Forschungseinrichtungen. Prominenter Ausdruck dieser neuen Erfordernisse sind sog. strategische Allianzen und andere Kooperationsvereinbarungen zwischen zwei oder mehreren Unternehmen. Diese Kooperationen werden eingegangen, um bestimmte angestrebte Innovationsziele schneller und kostengünstiger zu erreichen. Ein Beispiel hierfür ist der Zusammenschluß von Ford und VW zu Beginn der 90er Jahre mit dem Ziel, gemeinsam eine Großraumlimousine zu entwickeln. Die alliierten Firmen beschränken ihre Kooperation allein auf das Innovationsprojekt und verhalten sich in anderen Geschäftsbereichen und nach dem Erreichen ihres Ziels weiterhin wie normale konkurrierende Firmen. Daneben findet man Verknüpfungen einzelner Unternehmen in Form komplexer Produktionsketten, in denen auch Innovationsprozesse immer häufiger in einzelne Teilaufgaben zerlegt und an spezialisierte Firmen delegiert werden. Diese Formen von „Outsourcing“ und „Subcontracting“ sind vielfach länderüberspannend. Stark verkürzte Produktlebenszyklen – d.h. die Zeitspanne, in der ein Produkt veraltet – verstärken den Druck, spezialisierte Dienstleistungen wie Marktforschung, Designstudios und Werbefirmen zu Rate zu ziehen. Im Zuge dieses Innovationswettlaufs bilden sich weltweit einige wenige Zentren heraus, die auf ihrem jeweiligen Gebiet eine Führungsrolle übernehmen und sich durch eine hohe Dichte von kleineren und größeren Firmen und Labors auszeichnen, die untereinander in reger Kommunikation stehen. Diese innovativen Milieus sind nicht beliebig reproduzierbar, und daher bemühen sich die größeren Unternehmen, in verschiedenen innovativen Milieus durch eigene FuE-Abteilungen und Institute präsent zu sein, um von der lokalen Innovationsdynamik zu profitieren und um keine neuen Entwicklungstrends zu „verschlafen“. Diese Engagements machen quantitativ nur einen kleinen Teil der ausländischen Direktinvestitionen aus, dafür kommt ihnen aber qualitativ hohe Bedeutung zu. Auch deutsche Unternehmen gehen dazu über, ihren Forschungsbereich zu internationalisieren, wobei häufig ausländische und deutsche Forschungsabteilungen (vorläufig) parallel betrieben werden.

Deutschland hat mit seiner großen Dichte an Forschungseinrichtungen und der Vielzahl an FuE betreibenden Firmen eine qualifizierte Basis für kontinuierliche innovative Leistungen. Bei der Zahl der jährlich angemeldeten Patente nimmt Deutschland seit Jahren hinter den USA und Japan den dritten Platz ein, wobei man berücksichtigen muß, daß in Japan auch marginale Designveränderungen Patentschutz erfahren. In Deutschland existiert aber derzeit kein herausgehobenes innovatives Milieu wie z.B. in den USA mit dem Silicon Valley. Darüber hinaus ist die in Deutschland betriebene FuE noch stark an Technologien orientiert, in deren Rahmen zwar nach wie vor stark nachgefragte Produkte entstehen, die aber ihren Höhepunkt bereits überschritten haben und in Kombination mit neueren Technologien treten müssen, um für die Zukunft aktuell zu bleiben. Dies gilt z.B. für den Automobilbau, für den mit jedem neuen Modelljahrgang die Computertechnologie immer wichtiger wird.

Noch stellt Deutschland ein traditionelles Zentrum für FuE ausländischer Unternehmen dar. Um diese Stellung zu halten, müssen aber verschiedene Rahmenbedingungen verbessert werden. So erscheint insbesondere die hohe Regelungsdichte im Vergleich mit ausländischen Standorten als Nachteil, die – bei ansonsten kaum differierenden Standorteigenschaften – für die unternehmerische Standortwahl den Ausschlag zugunsten eines ausländischen FuE-Zentrums geben kann.

Innovationen werden nicht nur in milliardenschweren Großprojekten der „Multis" entwickelt, sondern entstehen in großer Zahl auch in kleineren Firmen und Labors. Ob diese Innovationen jemals Marktchancen erhalten, hängt von einer ganzen Reihe von Faktoren ab. In Deutschland wird seit Jahren versucht, durch den Bau von Technologie- und Gründerzentren und durch spezielle Programme für technologieorientierte Unternehmen die Innovationsaktivitäten auf der kleinbetrieblichen Ebene zu fördern. Gleichzeitig tragen aber andere Faktoren dazu bei, diese Anstrengungen der öffentlichen Hand zu konterkarieren. Ein Faktor ist, daß die auf Fremdkapital angewiesenen Unternehmer kaum auf ihre Bedürfnisse zugeschnittene Kapitalfonds in Anspruch nehmen können, sondern reihenweise an den risikovermeidenden Strategien der Banken scheitern. Abgesehen vom Zugang zu Fremdkapital haben Innovationen, die auf neuen Technologien beruhen, häufig Durchsetzungsprobleme in einer Umwelt, die noch von den erfahrungsgestützten und erprobten Lösungsmustern und Paradigmen einer etablierten Technologie geprägt ist: Stößt das innovierende Unternehmen bei Zulieferern und anderen auf seinem Gebiet tätigen Firmen auf Desinteresse, so können selbst geniale wissenschaftlich-technische Ideen scheitern. Eine Studie über die Karriere kleiner technologieorientierter Unternehmen in Baden-Württemberg kommt zu dem Ergebnis: „Die gegenwärtige Situation ist dadurch gekennzeichnet, daß die *erfolgreichen* technologieorientierten Unternehmensgründungen bislang fast ausschließlich zur Stärkung der industriellen Kernbranchen beizutragen scheinen (...) Dies ist insofern problematisch, als von den ‚reifen' Industrien in Zukunft keine wesentlichen Beschäftigungsgewinne mehr zu erwarten sind" (Krauss 1997: 76).

Untersuchungen zu den kulturellen Faktoren innovativer Milieus in den USA zeigen darüber hinaus, daß erfolgloses (gescheiterte Existenzgründung) und abweichendes Verhalten (Ausgründungen ehemaliger Mitarbeiter unter Ausnutzung von firmenspezifischem *Know-how)* von Firmengründern in einer vorherrschenden Atmosphäre gegenseitigen Vertrauens und von Kooperationsbereitschaft kaum diskriminiert wird und Unternehmer mehrere Chancen erhalten, ein erfolgreiches Unternehmen zu gründen (Saxenian 1996). In dieser Hinsicht herrschen in Deutschland völlig andere Voraussetzungen.

3.4.2.5 Globalisierung und das Soziale an der Marktwirtschaft

Bisher war die Rede davon, wie deutsche und ausländische Unternehmen als Akteure des Globalisierungsprozesses Veränderungen im *ökonomischen Teilsystem* bewirken. Ein Großteil der Dramatik des Globalisierungsprozesses rührt aber daher, daß er auch auf gesellschaftliche Bereiche außerhalb des Wirtschaftssystems ausstrahlt. In seinem Verlauf werden bisher noch dem Wettbewerb entzogene, geschützte, subventionierte und durch Monopolrenten gekennzeichnete gesellschaftliche Bereiche einer neuen und verschärften Konkurrenz ausgesetzt und damit zur Veränderung und Umorganisation gezwungen. Bisher auf traditionellem Konsens beruhende implizite Verträge müssen nun für ihre Fortexistenz explizit und neu begründet werden. Davon betroffen sind auch Institutionen, die das soziale Element der Marktwirtschaft absichern sollen. In dieser Diskussion um den Einfluß der Globalisierungsdynamik auf soziale Sicherungssysteme laufen viele Argumentationslinien durcheinander, so daß es angebracht erscheint, diese zu sortieren.

Im Kern lassen sich vier solcher Argumentationslinien unterscheiden:

Die Kopplung der sozialen Sicherung an Erwerbstätigkeit als Systemfehler: In den Augen der Kritiker, die dieses Argument vertreten, erweist sich die über Jahrzehnte bewährte Erwerbsbindung der sozialen Sicherung – also die Finanzierung der sozialen Sicherung durch lohnproportionale Umlagen von Arbeitnehmern und -gebern – heute als zunehmend dysfunktional. Auf der einen Seite fällt eine wachsende Zahl von Nichterwerbstätigen und Langzeit-Arbeitslosen als Beitragszahler für die umlagefinanzierten Sicherungssysteme aus, was dazu führt, daß die Gruppe der Arbeitnehmer mit höheren Umlagen belastet wird. Auf der anderen Seite bedeuten höhere Umlagen für die Unternehmen steigende Lohnnebenkosten, die bereits 80% und mehr der eigentlichen Arbeitsentgelte erreicht haben. Diese hohen Lohnnebenkosten stellen negative Anreize dar, zusätzliche Arbeitsplätze zu schaffen und ermuntern zu Rationalisierungsinvestitionen. „So wird das Schwungrad eines beschäftigungspolitischen Circulus vitiosus angetrieben: höhere Sozialkosten über höhere Lohnzusatzkosten, höhere Produktivität, höhere Arbeitslosigkeit und daraus wieder höhere Sozialkosten usw." (Schäfer 1996: 130f.). Ein nicht intendierter Effekt hoher Lohnzusatzkosten ist die zunehmende Bereitschaft, in die abgaben- und regulierungsfreie Schattenwirtschaft auszuweichen, was zu einer weiteren Schwächung der Sicherungssysteme (und der Steuereinnahmen des Staates) beiträgt. Nach neuesten Untersuchungen des Instituts der Deutschen Wirtschaft hat die Schattenwirtschaft in Deutschland inzwischen einen Umfang von 15% des Bruttosozialprodukts erreicht.

Die der Staatstätigkeit inhärente Tendenz zu Monopolisierung und Regulierung: Ein weiteres Argument zielt auf die Ineffizienz von sozialen Sicherungssystemen, die in staatlicher Regie betrieben werden. In den Augen dieser Kritiker liegen die Wurzeln der Ineffizienz in der Neigung staatlicher Instanzen, ihre Tätigkeit zu monopolisieren, also Wettbewerb auszuschalten und damit Kostenkontrollen unmöglich zu machen. Monopolsituationen fördern den Aufbau aufgeblähter Verwaltungsbürokratien, deren Hauptaufgabe darin besteht, die mit der Zeit an Umfang und Komplexität zunehmenden Regelungen zu bearbeiten, wer in welchem Umfang Zugang zu bestimmten Leistungen hat. Da über den Zugang zu den Leistungen auch politisch entschieden wird, besteht bei politischen Parteien die Tendenz, den Kreis der Leistungsberechtigten über die Beitragszahlenden hinaus zu erweitern, um die eigenen Wahlchancen zu verbessern. Dies und die wachsende Zahl des Verwaltungspersonals erweisen sich als Kostentreiber der Sicherungssysteme.

Zunehmendes Anspruchs- und Kosten-Nutzen-Denken der Versicherten führt zum Verfall der Sicherungssysteme von innen her: Kern dieser Argumentation ist die Annahme, daß die ursprünglich dominierende solidarische Orientierung (Zusammenlegen von Ressourcen, um Einkommensschwächeren und besonders Bedürftigen beizustehen) der Mitglieder sozialer Sicherungssysteme mit steigenden Beitragssätzen und steigendem Leistungsumfang von dem Bemühen abgelöst wird, den Gegenwert der eingezahlten Beiträge in Form von Leistungen zurückzuerhalten. „Was einmal in Form bescheidener Sozialkassen für Notfälle kleiner Leute anfing, mauserte sich zu stattlich gefüllten Versorgungstöpfen für den Regelfall aller. Die Mehrheit gutgestellter Mittelschichtsmenschen will daraus (...) mindestens das herausholen, was sie einbringen muß (...) Dafür versuchen Millionen von Sozialstaatsbürgern die fortgesetzte Vorteilnahme aneinander, weil sie fürchten, am Ende komplizierter Nullsummenspiele als die Dummen dazustehen“ (Huber 1996: 202f.). Eine Voraussetzung dafür, daß sich solche Verhaltensweisen entwickeln, ist das Empfinden, einem anonymen, nach eigenen Gesetzen funktionierenden Apparat gegenüberzustehen, der mehr vereinnahmt als er gibt. Diese Wahrnehmung führt im Extremfall bis zum Versicherungsbetrug, der inzwischen in weiten Kreisen als Kavaliersdelikt gilt. Besonders augenfällig ist der Trend zu einer Anspruchsspirale im Fall der gesetzlichen Krankenversicherung, was in jüngster Zeit zu einer Gegensteuerung in Form erhöhter finanzieller Selbstbeteiligung der Patienten geführt hat.

Den sozialstaatlichen Leistungen fehlt wie anderen öffentlichen Gütern das Regulans der preisgesteuerten Konsumentennachfrage: Die Eigenschaften vieler öffentlicher Güter bestehen darin, daß niemand von ihrem Konsum ausgeschlossen werden kann und daß er für die Konsumenten unentgeltlich oder nur mit einer geringen Gebühr verbunden ist. Im Fall öffentlicher Sozialleistungen werden die Kosten durch eine pauschale Belastung der Beitragszahler gedeckt, während ein Großteil des Leistungsangebots entweder zum Nulltarif oder zu einer sehr geringen Gebühr zu haben ist. Dies bewirkt, daß auf der Angebotsseite Informationsdefizite darüber herrschen, welches Ausmaß an Leistungen tatsächlich nachgefragt wird und auf der Nachfrageseite tendentiell zuviel konsumiert wird, da die wahren Kosten nicht kalkuliert werden müssen. Dies würde bedeuten, daß es für die Funktionsweise eines Systems wie dem Gesundheitswesen nicht egal ist, ob öffentliche Körperschaften einem 10 bis 15% des Einkommens abnehmen, um es für Gesundheitsdienste auszugeben, oder ob der Patient (Konsument) dies selbst tut: „Auch bei sozialen Diensten und Sicherungsleistungen steuert die direkte kaufkräftige private Nachfrage normalerweise bedürfnisgerechter und zielgenauer als die öffentliche Nachfrage und Finanzierung“ (Huber 1996: 205). Gefordert wird damit im Bereich der sozialen Sicherung der Vorrang des „Consumer pays principle“ vor dem Umlageprinzip. Mit den gleichen Argumenten wird gegenwärtig auch im Bildungswesen für die Einführung von Studiengebühren für Studenten plädiert.

Die vier genannten Argumente sind nicht neu, sondern werden bereits seit längerer Zeit vorgebracht, um auf Fehlentwicklungen sozialer Sicherungssysteme hinzuweisen. Die Diskussion über den Globalisierungsprozeß hat nur dazu geführt, daß Gesellschaften in ihrer Eigenschaft als Wirtschaftsstandort verschärfter international vergleichender Beobachtung ausgesetzt sind, wodurch etwaige Funktionsdefizite und Kostennachteile schneller aufgedeckt werden. Hierdurch ist für die genannten Argumente ein neues „Konjunkturhoch" entstanden. Bisher fraglos und als selbstverständlich hingenommene staatliche Regelungen werden neuerdings mit Alternativen konfrontiert, und für das Festhalten an diesen Regelungen werden neue Begründungen und Legitimierung eingefordert.

Die Diskussion um die Globalisierung bleibt in dieser Hinsicht keine rein wissenschaftliche Veranstaltung, sondern wird stark von politischen Interessen mitgeprägt, was sich darin äußert, daß bestimmte Aspekte hervorgehoben und scharf akzentuiert werden. Solche Akzente werden in der Debatte um den „Standort Deutschland" vor allem im Hinblick auf bisherige Gesellschaftsverträge gesetzt, die eine Regulierung sozialer Ungleichheit beinhalten. Das Thema ‚Globalisierung' wird interessenorientiert von Arbeitgebern und ihren Verbänden in Beschlag genommen und offensiv als Begründung für Forderungen zum Abbau tarifvertraglich und sozialgesetzlich fixierter Arbeitnehmerpositionen und zum Ausbau von Vergünstigungen für Privatunternehmen herangezogen. Damit droht in Deutschland der gesellschaftliche Konsens verlorenzugehen, der bisher zur Regulierung sozialer Ungleichheit beigetragen hat.

3.4.3 Resümee

Um angesichts der sehr gegensätzlich geführten Diskussion um die Globalisierung den Überblick zu bewahren, gilt es zu unterscheiden zwischen den statistischen Indikatoren, die aufgrund der Vieldimensionalität des Globalisierungsprozesses sehr zahlreich sind, und der aus politischen und wirtschaftlichen Interessen herrührenden Dramatik auf der Bühne der Öffentlichkeit. Die statistischen Indikatoren geben mit Ausnahme der Entwicklung auf den internationalen Kapitalmärkten keine Anhaltspunkte für eine schubartige Entwicklung neuer Qualität und decken auf, daß die Reichweite der Globalisierung in geographischer Hinsicht häufig nicht über den Bereich Europas hinausreicht. Zentrale Indikatoren wie das Ausmaß der ausländischen Direktinvestitionen werden in ihrer Aussagefähigkeit überraschend schnell fragwürdig, sobald man unterschiedliche Datenquellen heranzieht. Nach wie vor gibt es renommierte Nationalökonomen, die dem Reden von Globalisierung eine substantielle Grundlage abstreiten (z.B. Krugman 1996).

Solche Ansichten sowie die Zahlen der Statistik sind denjenigen Arbeitnehmern jedoch nur schwacher Trost, deren Arbeitgeber mit der Verlagerung von Arbeitsplätzen ins Ausland drohen, falls keine Zugeständnisse bei Lohnhöhe und/oder Arbeitszeit erfolgen. Diese Vereinnahmung von Globalisierung als Grundlage für strategisches Unternehmerhandeln erfolgt abgelöst von der akademischen Diskussion und ist Ausdruck der gestiegenen Standortflexibilität von Unternehmen. Damit erlangen Unternehmen nicht nur Machtzugewinn gegenüber ihren Belegschaften, sondern auch gegenüber politisch-administrativen Instanzen.

An diesen Machtzugewinn knüpfen sich viele Aussagen und Thesen zur Schwäche und sogar Ohnmacht des Staates gegenüber den international verflochtenen Wirtschaftsunternehmen. Auch hier ist Vorsicht angebracht, wenn man davon ausgeht, daß die in räumlicher Hinsicht expandierenden Handlungsoptionen der „Multis" auf einer vorausgegangenen Herausbildung von Staatlichkeit mit Gewaltmonopol des Staates beruhen, einschließlich Gewährleistung der Transferierbarkeit von Waren, Geld- und Humankapital sowie der Motivation und Fähigkeit der Bevölkerung, industrielle Produktionstätigkeiten aufzunehmen. Dies wiederum ist aufs engste mit der Durchsetzung eines allgemeinen Bildungssystems verbunden. Die Zahl der Arbeitskräfte, die den Anforderungen an industrielle Fertigungstätigkeiten entsprechen können, ist gerade in den Entwicklungsländern stark gestiegen. Darüber hinaus haben deren Regierungen durch eine Liberalisierung des Kapitalverkehrs und durch Einbindung in multilaterale Handelsvereinbarungen Voraussetzungen für die Entwicklung als Investitionsstandort geschaffen. Staaten hingegen, deren Regierungen auch nur leise Zweifel aufkommen lassen, daß sie die Sicherheit von Investitionen nicht zu gewährleisten in der Lage sind, werden schnell zu weißen Flecken in den Standortüberlegungen der „Multis".

Unter Berücksichtigung dieser staatlichen „Vorleistungen" läßt sich in langfristiger Perspektive die These aufstellen, daß die Staaten, die in einer Phase I durch ihre erfolgreiche (Standort-)Politik zur größeren Standortflexibilität der „Multis" beigetragen haben, in einer Phase II durch deren zunehmenden Machtgewinn (Umgehung von Besteuerung, Erzwingen von Zugeständnissen und Subventionen) in ihrer Fähigkeit beeinträchtigt werden, öffentliche Güter in ausreichender Qualität bereitzustellen. Auf Deutschland bezogen würde dies bedeuten, daß eine einseitig auf Wirtschaftsinteressen zugeschnittene Gestaltung des „Standort Deutschland“ auf längere Sicht die Fähigkeit des Staates untergräbt, Legitimität, öffentliche Sicherheit und Qualität des Humankapitals zu gewährleisten.

4. Deutschlands Wirtschafts- und Sozialverfassung: Wie kann die Zukunft gemeistert werden?

„Es ist leichter, ein autoritäres System zu Fall zu bringen, als ein liberales System vor seiner eigenen Zerrüttung zu bewahren." Botho Strauß

Vier Bereiche, die als zentrale Herausforderungen für das Modell Deutschland herausgestellt wurden, sind in Kap. 3 ausgiebig beleuchtet und diagnostiziert worden. Nun stellt sich mit dieser Diagnose vor Augen abschließend die Frage: Was ist angesichts der gefundenen Probleme zu tun? Oder erst einmal allgemeiner: Ist überhaupt etwas zu tun? Es gibt nicht wenige Stimmen, die vor einer herbeigeredeten Dramatik warnen und darauf hinweisen, daß ein und dasselbe Thema in regelmäßigen Abständen auf den Tisch kommt – nur unter einem anderen Oberbegriff. So wurde im Verlauf der 80er Jahre bereits Handlungsbedarf bei den hohen Arbeitskosten, bei der gefährdeten deutschen Position im internationalen Wettbewerb und bei den zurückbleibenden Direktinvestitionen in Deutschland gesehen. Diese Argumente waren besonders laut vernehmbar in den Konjunkturtiefs, um dann bei konjunktureller Erholung wieder von der Bühne öffentlicher Aufmerksamkeit zu verschwinden (Mayer 1996: 3f.). Zudem sind viele der Indikatoren, die auch auf den vorstehenden Seiten eine Rolle gespielt haben, zweideutig und unterschiedlich interpretierbar, so daß sich ohne Probleme auch Argumente zur Verteidigung des aktuellen Zustands vom Standort Deutschland formulieren lassen (vgl. Dolata 1997). Und schließlich könnten die gegenwärtigen Schwierigkeiten der einst allzu hochgepriesenen „asiatischen Gegner in der Weltliga" (Berthold/Fehn 1997: 13) einer (hämischen) Selbstzufriedenheit Vorschub leisten.

Also doch: Weiter so, Deutschland? *Business as usual*? Dagegen sprechen insgesamt doch zu viele Einzelhinweise. In Kap. 3 wurden bei verschiedenen Punkten bereits Strategien erörtert, wie man den angesprochenen Problemen beikommen könnte. Es ist aber auch nicht so, daß *alles* von Grund auf reformiert werden müßte: Vielmehr gilt es zu unterscheiden zwischen bewährten und anpassungsfähigen Systemelementen und solchen, die sich als dysfunktional erweisen und die Anpassung des gesamten Systems behindern.

Eine solche Gegenüberstellung von Stärken und Schwächen des Sozial- und Wirtschaftsstandort Deutschland wird zunächst vorgenommen (4.1). Sodann greifen wir uns die wichtigsten reformbedürftigen Felder heraus (4.2.) und fragen abschließend, wie die Chancen zur Reform stehen (4.3).

4.1 Eine Bilanz von Stärken und Schwächen

Untenstehende Übersicht vermittelt ein Standortprofil in geraffter Form. Es listet die Stärken und Schwächen des Modell Deutschland auf, auf die wir im Verlauf unserer Analyse in Kap. 3 gestoßen sind und gewichtet sie entweder einfach („+“ bzw „-“) oder doppelt, d.h. als besonders schwerwiegend („++“ bzw „--“). Mit einem Blick ist zu sehen, daß Plus- und Minuspunkte relativ gleichmäßig verteilt sind. Auch wenn sich damit das Problem des halb gefüllten Glases Wasser (halb leer oder halb voll?) stellt, fällt die Gegenüberstellung insgesamt also nicht so schlecht aus. Das erscheint uns angesichts des den Deutschen nachgesagten Hangs zur Miesepetrigkeit schon als wichtiges Ergebnis (Abbildung 3).

Doch nicht alles, was eigentlich reformbedürftig wäre, sollte umgekrempelt werden. Für den Weiterbestand kann es zwei Gründe geben. Zum einen könnten die Kosten einer Reform so hoch sein, daß sie nicht ratsam erscheint. So könnte sich eventuell die Umstellung der Rentenversicherung vom Umlage- auf das Kapitaldeckungsverfahren deswegen verbieten, weil sie die Erwartungen der Rentnergeneration allzu sehr enttäuschen würde (abgesehen, daß die Übergangskohorte doppelt belastet werden müßte).

Abbildung 3: Stärken-Schwächen-Profil von Standort Deutschland

+	Stärken	-	Schwächen
	Unternehmensbestand:		
++	Starke Exportorientierung der Industrieunternehmen	--	Mangelnde Wettbewerbsfähigkeit ostdeutscher Unternehmen
	Multinationalisierung bestimmter Industriezweige (Chemie, Kfz)		
	Arbeitsmarkt/Bildung:		
+	Bewährtes System der Lohnfindung mit geringer Streikhäufigkeit	--	Hohe Arbeitslosigkeit mit Verfestigungstendenz
+	Gut qualifizierte Arbeiterschaft durch System der dualen Berufsausbildung	-	Hohe Rigidität der Flächentarifverträge
		-	Tarifparteien übergehen berufliche Wiedereinstiegsinteressen von Arbeitslosen
		-	Ostdeutsches Lohnniveau von Produktivität abgekoppelt
	Soziale Sicherung:		
++	Umfassendes System sozialer Sicherung mit hoher Akzeptanz in der Bevölkerung	-	Tendenz zu steigenden Lohnnebenkosten aufgrund der Gebundenheit der Einnahmen der Sozialversicherung an Erwerbstätigkeit
+	Relativ gleichmäßige Einkommensverteilung	-	Zu wenig individuelle Wahlmöglichkeiten des gewünschten Ausmaßes sozialer Sicherung
	Politisches System		
+	Föderaler Aufbau	-	Hohe Regelungsdichte
+	Autonomie der Deutschen Bundesbank	-	Komplexität des Steuersystems führt zu Ungerechtigkeiten
		-	Zögerliche Privatisierung und Deregulierung
		-	Kostenträchtige Organisation der politisch-administrativen Einheiten (zu viele Länder, zu viele Hierarchien)
	Forschung/Innovation:		
++	Hohe Zahl von Patentanmeldungen	--	Mangelnde Präsenz in neuen Hochtechnologien
++	Breitgestreute Forschung und Entwicklung im Bereich bewährter Technologien	-	Knappes Kapitalangebot für innovationsorientierte Unternehmensgründungen
-	Hochqualifiziertes Forschungs- und Entwicklungspersonal		

Reformerische Zurückhaltung ist auch dann angesagt, wenn die Reform negative Nebenwirkungen in anderen Bereichen aufweist. So würde eine weitgehende Öffnung des Flächentarifvertrags zugleich dessen friedensstiftende Rolle zerstören, zu einer Politisierung und Konfliktverschärfung in den Betrieben und am Arbeitsplatz führen und überdies kleinere Betriebe überfordern, allein Betriebsvereinbarungen auszuhandeln. Gerade die im zweiten Kapitel erwähnte Freiburger Schule der Sozialen Marktwirtschaft war sehr sensibel für das Gefügecharakter der Sozial- und Wirtschaftsordnung und der Interdependenz und ihrer Teilordnungen.

4.2 Beispiele für Reformbedarf

Es ist hier nicht der Platz, sinnvolle Reformschritte allumfassend darzustellen. Deshalb werden unter den reformbedürftigen Punkten drei zentrale Institutionen herausgegriffen: Arbeitsmarkt, öffentlicher Sektor und Bildungssystem.

Beschäftigungshemmende Faktoren auf dem Arbeitsmarkt
Nachdem mit Willen der Arbeitgeber und der Gewerkschaften die institutionellen Regelungen des westdeutschen Arbeitsmarkts nahezu komplett auf die neuen Länder übertragen wurden, erwiesen sich diese im weiteren Verlauf der wirtschaftlichen Entwicklung als den Realitäten nicht angemessen und wurden zunehmend ostdeutschen Verhältnissen angepaßt (vgl. Abschn. 3.1.3). Diese Modifikationen erfolgten vielfach unter Umgehung der offiziellen Bestimmungen stillschweigend mit Einverständnis beider Tarifvertragsparteien, was ein Indiz dafür ist, daß die Rahmenbedingungen reformbedürftig sind. Dafür spricht auch die Neigung, einige der Neuerungen auf die alten Länder zu übertragen.

Die derzeitige Arbeitsmarktverfassung schützt und stärkt den korporatistischen Alleinregelungsanspruch von Gewerkschaften und Arbeitgeberverbänden. Hierbei richten sich die Verhandlungsstrategien der Gewerkschaften darauf, die aus früheren Verhandlungen hervorgegangene Lohnstruktur zu verteidigen und damit die Interessen der Berufstätigen (Insider) zu vertreten. Unberücksichtigt bleiben bei dieser Strategie die Arbeitslosen (Outsider) und ihre Rückkehrchancen in den Arbeitsmarkt. „Allen Lippenbekenntnissen zum Trotz werden ersichtlich die Belange der Arbeitslosen am ehesten am Verhandlungstisch um des Konsens willen geopfert“ (Henssler 1994: 513).

Der zentrale Konstruktionsfehler der gegenwärtigen Tarifpolitik trägt maßgeblich dazu bei, daß seit Ende der Vollbeschäftigungsphase

Mitte der 70er Jahre der Sockel an Arbeitslosen von Rezession zu Rezession größer geworden ist. Vergangene Abschlüsse haben verhindert, daß dem steigenden Angebot an weniger qualifizierten Arbeitskräften, die mehrheitlich unter den Arbeitslosen zu finden sind, eine Marktreaktion in Form eines entsprechenden Preisrückgangs (Lohntarifsenkungen) gefolgt ist. Mit dem Risiko, arbeitslos zu werden, müssen heute infolge der wachsenden Neigung von Unternehmen, ihre innerbetriebliche Organisationsstruktur umzugestalten und Teile der Produktion zu verlagern, immer größere Teile der abhängig Erwerbstätigen rechnen. Um so wichtiger wird es, daß dieses Ereignis – um keinen dauerhaften Karriereknick zu verursachen – auch als Normalfall bewältigt werden kann und keine unnötigen Wiedereinstiegshürden in Form eines hohen Tariflohnniveaus errichtet werden. „Nicht das Herausfallen aus dem marktwirtschaftlich organisierten System der Lohnarbeit ist *das* Problem, sondern der Zugang bzw. der Wiedereinstieg“ (Mutz et al. 1995: 296). Dementsprechend sollten vom Gesetzgeber Klauseln erlassen werden, welche niedrigere Einsteigertarife für Arbeitslose erlauben, wenn von den Tarifvertragsparteien selbst solche Regelungen nicht zu erwarten sind.

Zu den institutionellen Regelungen des Arbeitsmarkts zählen auch die Gesetze zum Arbeits- und Kündigungsschutz. Jede einzelne dieser Regelungen läßt sich aus sozialpolitischen Motiven gut begründen. Leider entfaltet sich ihre Schutzwirkung aber nur für diejenigen, welche über einen Arbeitsplatz verfügen. Hohe Lohnfortzahlungs- und Entlassungskosten sowie eingeschränkte zeitliche Einsatzmöglichkeiten vermindern jedoch die Bereitschaft der Unternehmen, neue Arbeitskräfte einzustellen, d.h. ihre Einstellungsschwelle in Form antizipierter Kosten steigt für Arbeitslose und speziell für besonders geschützte Gruppen parallel zur Verbesserung der Schutzbestimmungen. „Angehörigen besonderer Problemgruppen (...) sollte das Recht eingeräumt werden, zumindest teilweise (und vorübergehend) auf den gesetzlichen Bestandsschutz zu verzichten, um ihre Einstellungschancen zu erhöhen“ (Soltwedel 1997: 35). Solche gutgemeinten formalen Begünstigungen, die in eine faktische Benachteiligung der jeweiligen Personengruppe umschlagen, sind nicht nur für „Problemgruppen“, sondern beispielsweise auch für schwangere Frauen zu entrümpeln.

Deregulierung, Privatisierung, Entbürokratisierung
Deutschland ist bisher kein Vorreiter in Sachen Deregulierung und Privatisierung öffentlicher Unternehmen gewesen. Vielmehr sind Schritte in diese Richtung häufig erst in die Wege geleitet worden, nachdem insbesondere politischer oder Wettbewerbsdruck vom Ausland ausgeübt wurde. Auch in dieser Hinsicht erweist sich die internationale Einbindung als ein flexibilitätsfördernder Faktor. Verschiedene Deregulierungsschritte sind fester Bestandteil des Binnenmarktprogramms der EU und es ist für die kommenden Jahre absehbar, wann neue Stufen intensivierten Wettbewerbs und vergrößerter unternehmerischer Gestaltungsmöglichkeiten erreicht werden. Es wäre von Vorteil, wenn darüber hinaus weitere Anstrengungen auf nationaler Ebene unternommen würden.

Bei der Umsetzung neuer Deregulierungsschritte regen sich häufig politische Widerstände, da mit den seit Jahrzehnten existierenden öffentlichen Monopolen auch zahlreiche Profit- und Einkommensvorteile (Monopolrenten) für öffentliche Unternehmen und Beschäftigte verbunden sind, die zukünftig wegzufallen drohen. So wehren sich Kommunen und Stadtwerke derzeit mit einer Flut von Argumenten gegen die ins Auge gefaßte Öffnung der Stromnetze für den Wettbewerb zwischen den Stromproduzenten. Der Deutsche Städtetag als kommunaler Spitzenverband sieht es z.B. als verfassungsmäßige Aufgabe der Städte und Kommunen an, die Versorgung ihrer Gemeindegebiete mit Energie zu regeln, die nicht einfach privaten Händen überlassen werden könnte. Hierin kommt eine bis ins 19. Jahrhundert. zurückreichende Denktradition zum Vorschein, die den Kommunen eine zentrale Stellung bei Aufgaben der Daseinsvorsorge zuerkennt. Offenbar bereitet die Vorstellung Schwierigkeiten, daß dies auch von anderer Seite zufriedenstellend geleistet werden kann. In dieser Hinsicht zeigt allerdings das Beispiel der Umwandlung des Fernmeldewesens der Post in die Telekom AG in Verbindung mit den Geschäftsaktivitäten neuer Unternehmen im Telekommunikationsbereich (C-, D- und E-plus-Netze), welche Preissenkungs- und Angebotserweiterungseffekte davon ausgehen können.

Zur Deregulierung zählen auch Maßnahmen wie die Erweiterung oder Freigabe von Ladenöffnungszeiten. Am Verlauf der hierauf bezogenen Reformdiskussion lassen sich zum einen die Durchsetzungsschwierigkeiten vergleichsweise kleiner Reformschritte in Deutschland, zum andern aber auch die begrenzte Nützlichkeit halbherziger

Entscheidungen veranschaulichen. Deregulierungen sollten möglichst umfassend und Privatisierungen möglichst vollständig sein, um die beabsichtigte Wirkung entfalten zu können. Damit dies geschieht, ist auch Vertrauen darin notwendig, daß die betroffenen Akteure – im Fall der Ladenöffnungszeiten Geschäftsinhaber und -personal – ihre Interessen gegenseitig abzuklären und einen Kompromiß auszuhandeln in der Lage sind.

Mit der Marktöffnung werden öffentliche Unternehmen häufig zum Beschäftigungsabbau gezwungen, da ihr konservierter Produktivitätsrückstand und ihre mangelnde Wettbewerbsfähigkeit offenbar werden. Mittelfristig bewirkt die Marktöffnung aber, daß wieder mehr Arbeitsplätze geschaffen werden, sobald Privatunternehmen im deregulierten Geschäftsbereich aktiv werden. Deregulierung und Privatisierung tragen mit dazu bei, neue Arbeitsplätze im Dienstleistungssektor zu schaffen.

Im Zusammenhang mit Forderungen nach mehr Deregulierung darf allerdings nicht unter den Tisch fallen, daß sich staatliche Regulierungsaktivitäten auch vorteilhaft für die Wirtschaft auswirken können. Man denke nur an viele der Auflagen und Normen der Umweltpolitik, deren Druck mit dazu geführt hat, daß die deutsche Umweltschutztechnik in vielen Bereichen eine weltweit führende Stellung einnimmt und große Exportchancen besitzt. Die Forderung nach Deregulierung kann somit nie pauschal vorgebracht werden, sondern sollte sich immer auf konkrete Bereiche beziehen.

Steigerung der Innovationsfähigkeit

Mit der Forderung nach einer innovationsfähigeren Wirtschaft und Gesellschaft rennt man anscheinend offene Türen ein. Niemand, der dies nicht unterschreiben würde – kaum eine Politikerrede kommt derzeit ohne Hinweis darauf aus. Aber nicht nur das: Auch finanziell wird viel für Innovationen getan. Man denke nur an die Hunderte von Technologie- und Gründerzentren und an die Vielzahl von Technologietransferstellen, die seit 1983 in Deutschland errichtet worden sind. Daneben gibt es eine fast unüberschaubare Vielfalt von Förderprogrammen („Förderdschungel") für technologieorientierte Unternehmensgründungen, für die Beschäftigung von Forschern und Entwicklern, für unternehmensübergreifende Entwicklungsprojekte, für die Markteinführung innovativer Produkte.

Trotz dieser gutgemeinten Programme existieren im Innovationsbereich derzeit einige Engpässe, die strukturelle Grenzen für den Innovations-Output darstellen. Einer dieser Flaschenhälse besteht in der sinkenden Qualität der Schul- und Hochschulbildung. Daß immer weniger ausländische Studierende und Forscher deutsche Hochschulen attraktiv finden, ist ein schlimmes Zeichen. Nach den Daten der jüngsten OECD-Bildungsstudie dauert das Studium in Deutschland mit am längsten und kostet mit am meisten (Handelsblatt, 11.12.1997). Dabei besuchen in Deutschland gerade die Altersjahrgänge der unteren sozialen Schichten weitaus weniger häufig eine Hochschule als in vielen anderen OECD-Ländern. Mit anderen Worten: das „kostenlose" Studium subventioniert die Ausbildung der Mittel- und Oberschicht. Mit Studiengebühren ließen sich hingegen Stipendien finanzieren, die den Kriterien der Chancengleichheit und Leistungsgerechtigkeit besser gerecht würden.

Ein anderer Flaschenhals zeigt sich darin, daß die jungen Forscher und Hochschulabsolventen mental zu stark auf eine Berufskarriere in abhängiger Beschäftigung fixiert sind. Es gibt erste Bestrebungen, bereits in den Hochschulen Kurse anzubieten, die Wege aufzeigen, wie die erworbenen Fähigkeiten in Existenzgründungen und erfolgversprechende Unternehmensstrategien umgesetzt werden können. Auf einen dritten Flaschenhals stoßen Existenzgründungswillige, sobald sie versuchen, an das für ihr Vorhaben notwendige Kapital zu gelangen. Hier macht sich negativ bemerkbar, daß die deutschen Banken in dieser Hinsicht eher risikoaversiv handeln und alternative Kapitalquellen – wie sie z.B. die Risikokapitalfonds in den USA darstellen – noch zu wenig verbreitet sind.

Im Vergleich zu den zuvor angesprochenen drei Bereichen scheinen die Hindernisse für entsprechende Maßnahmen im Innovationsbereich eher geringer zu sein, zumal keine gesellschaftlichen Kräfte sichtbar sind, welche nicht zumindest verbal dieses Anliegen unterstützen. Probleme sind am ehesten zu erwarten, sobald Schritte unternommen werden, um mehr Wettbewerbselemente ins Bildungssystem einzuführen.

4.3 Reformen – zu spät, zu wenig?

Je länger die Liste veränderungswürdiger Tatbestände wird, desto mehr tritt die Frage in den Vordergrund: Wer soll das alles ändern? Die politischen Akteure, die Wirtschaft, wir alle? Wie kann *„the Reformstau*" aufgelöst werden?

Politik

Nach „Politikverdrossenheit", „Sozialabbau" und „Sparpaket" kürte 1997 die Gesellschaft für deutsche Sprache „Reformstau" zum „Wort des Jahres". Erneut geriet damit die Politik in das Fadenkreuz der Kritik und des Mißmuts. Tatsächlich sind die Chancen energischer Reformen denkbar gering, solange sich Bundestag und Bundesrat gegenseitig blockieren und mit ihren jeweiligen Mehrheitsverhältnissen eine Quasi-Allparteienregierung bilden. Was bleibt dann?

Einige Veränderungen, wie weitere Deregulierungsschritte, werden sicher auf Druck der EU hin unternommen werden. Andere als problematisch erkannte Tatbestände werden – bei unterbliebenen Reformen – letztendlich durch steigenden ökonomischen Druck einer Entscheidung näher gebracht. Steigende Haushaltsdefizite, steigende Lohnnebenkosten, fallende Steuereinnahmen, abwandernde Unternehmen erzwingen irgendwann staatliche Maßnahmen. Allerdings ist damit nicht gesagt, daß solche Maßnahmen auch immer ursachenadäquat, umfassend und aufeinander abgestimmt ausfallen werden. Soll man also darauf vertrauen, daß eine Regierung sich langfristig nicht den ökonomischen Fakten entziehen kann und nachziehen muß? Leider haben Nachzügler ein schlechtes Image. Für das Ansehen eines Landes als Wirtschaftsstandort spielt sehr wohl eine Rolle, zu welchem Zeitpunkt Reformmaßnahmen getroffen werden. Vorreiter profitieren davon – eine Erfahrung, die Deutschland in der Vergangenheit häufig gemacht hat. Aber eben dieses Vorreiter-Image ist gegenwärtig gefährdet, vielleicht schon dahin.

Angesichts gescheiterter Reformprojekte – insbesondere der dringend notwendigen Steuerreform – sollte jedoch nicht übersehen werden, daß es einen vollständigen Reformstillstand nicht gegeben hat. Erste Schritte zur Rentenrefom wurden unternommen, Vermögens- und Gewerbekapitalsteuer abgeschafft. Das föderale politische System wird derzeit schlechter gemacht, als es im internationalen Vergleich tatsächlich ist (Schmidt 1997). Die Unmut des Arbeitgeberpräsidenten

Hundt über den derzeitigen Immobilismus ist verständlich. Doch der deutsche Föderalismus hat sich insgesamt bewährt. Das Bedürfnis nach kleinräumigeren Einheiten mit Selbstgestaltungsrechten nimmt sogar zu. Der deutsche Föderalismus, müßte aber wieder stärker dem ursprünglichen Konzept angenähert, d.h. die Trennung der Sphären von Bund und Ländern wieder deutlich werden.

Auch die deutschen Mitgliederparteien haben ihre Vorzüge, wenngleich rasche Reaktionsfähigkeit nicht dazu gehört (Immerfall 1998b). Wichtiger noch ist: nicht alles hängt von der Politik, vom Staat ab. Vielleicht noch wichtigere Veränderungen treten ein, ohne daß sie vorerst durch politische Entscheidungen „bestätigt" werden. Daß Parteien und Politiker einen so bequemen Sündenbock abgeben, hängt auch mit der in die Bundesrepublik mitgeschleppten Fixierung auf den Staat zusammen.

Wirtschaft

Meilen weiter als die Politik sind die Sozialpartner. Die Reform des Flächentarifvertrages wurde ernsthaft angepackt, die Lohnpolitik maßvoll angelegt, die betriebliche Restrukturierung macht Riesenschritte, selbst die Zukunftstechnologien wittern Morgenluft.

Der schon totgesagte Flächentarif wurde renoviert und vitalisiert. Dabei haben die Tarifparteien wiederholt ein hohes Maß an Pragmatismus bewiesen, um den Flächentarif flexibler zu gestalten. Das ist nicht in erster Linie eine Kostenfrage. Der Flächentarif alten Stils hatte seine Berechtigung in der standardisierten Produktion; die Produktionsmethoden der Dienstleistungs- und Informationsgesellschaft erfordern eine neue Balance zwischen zentralen und dezentralen Regelungen.

Die neue Tarifpolitik enthält Öffnungsklauseln, allgemein gehaltene Vorgaben und Optionen für betriebliche Regelungen. Die Gewerkschaften sind zu erheblichen Zugeständnissen bereit, sofern das System des Flächentarifvertrages insgesamt erhalten bleibt. Dies beweisen die wiederholten Vorstöße von DGB-Chef Dieter Schulte und IG-Metall-Vize Walter Riester zur Öffnung des Flächentarifs. Die jüngste Tarifeinigung in der chemischen Industrie ist dafür ein wichtiger Schritt: Ab dem 1. Januar 1998 können die Chemie-Unternehmen die Entgelte ihrer Beschäftigten um bis zu 10% reduzieren, wenn es der Beschäftigungssicherung oder auch dem Erhalt der Wettbewerbsfähigkeit der Unternehmen durch standortfördernde Investitionen dient.

Der Betriebsrat muß zustimmen. Ähnliches deutet sich für die Metallbranche ab, wo es bereits zu einer allseits gelobten Altersteilzeitregelungen kam.

Der Spielraum für betriebliche Lösungen ist damit – wie vorher bereits in den meisten Branchen Ostdeutschlands – nochmals um ein beachtliches Stück erweitert worden. Daimler-Benz, Bayer oder Ford sind weitere Beispiele für die wachsende Bereitschaft der deutschen Gewerkschaften, den Arbeitsmarkt flexibler zu gestalten. Diesen Firmen ist es nun gestattet, je nach Auftragslage und mit Zustimmung des Betriebsrats, an Wochenenden verschieden lang zu arbeiten. Tarifliche Eckbedingungen können auf der Betriebsebene unterschritten werden, wenn dadurch Beschäftigung gesichert wird.

Die Tarifabschlüsse lagen 1997 überwiegend zwischen 1,3 und 1,5% und blieben damit erneut unter der Inflationsrate von 1,7% und der Zunahme der Arbeitsproduktivität von 3%. Darüber hinaus wurden in den Betrieben – ohne große Öffentlichkeit – diverse Lohnzulagen gestrichen. Damit sind die Reallöhne der Arbeitnehmer in Westdeutschland seit der Vereinigung um 1% gesunken. Im Großen und Ganzen wurde der früher so gern beschrittene Weg, Verträge zu Lasten Dritter (Arbeitslose, Steuer- und Beitragszahler) zu schließen, nicht länger fortgesetzt. Der Hauptschuldige ist heute nicht mehr die absolute Lohnhöhe, als die Lohnnebenkosten und Sozialbeiträge. Sie machen mittlerweile 42% der Arbeitskosten aus (Materialien 1).

In den Betrieben selbst hat vielerorts eine gewaltige Produkt-, Effizienz- und Lernoffensive Einzug gehalten, die mit verbesserter Kundenorientierung und neuen Verfahren der Zeitwirtschaft und der Entscheidungsdelegation verbunden ist (s. u.a. SOFI 1995; Lutz 1996). Dies wurde bereits mit erheblichen Kursgewinnen an der Börse honoriert. 1997 stieg der Deutsche Aktienindex um nicht weniger als 40%. Damit gehört die deutsche Börse im zweiten Jahr in Folge zu den erfolgreichsten Europas. Auch wenn schnell vergängliche Bewegungen auf dem Aktienmarkt nicht unbedingt für die Beurteilung der wirtschaftlichen Stabilität eines Landes herangezogen werden können, spiegelt sich darin doch auch das Vertrauen internationaler institutioneller Anleger in den deutschen Kapitalmarkt. Namhafte deutsche Unternehmen befinden sich mitten im Umbau. Dazu gehört unter anderem:

- *die Konzentration auf das Wesentliche*: Die Herstellung von Produkten, die billiger von woanders bezogen werden können, wird ausgelagert;
- *die Mobilisierung der Mitarbeiter*: Anspruchsvolle Formen der Gruppenarbeit werden verstärkt eingeführt, Hierarchien verflacht, die „Kragenlinie“ zwischen Arbeitern und Angestellten durchlässiger gemacht;
- *ein straffes Kostenmanagement*: Der Ressourceneinsatz wird durch innerbetriebliche Dezentralisierung transparenter gemacht.

Auf dem Kapitalmarkt, speziell auf dem Markt für Risikokapital, sind ebenfalls deutliche Fortschritte zu verzeichnen. Nach der Vereinigung wurde Deutschland Nettoimporteur von Kapital. Dieser Kapitalbedarf zwang dazu, sich den Gepflogenheiten auf dem internationalen Kapitalmarkt anzupassen. Der wachsende Einfluß von privaten und institutionellen Kapitalanlegern auf die deutsche Industrie schwächt auf mittlere Sicht die etablierte starke Verflechtung deutscher Banken mit der Großindustrie. Daraus können sich neben Nachteilen (stärkerer Einfluß kurzfristig orientierter Profitinteressen) ein schnelleres Aufgreifen von Innovationen ergeben. Eine Entwicklung zeichnet sich ab, in der „angelsächsische“ Elemente in den weiterhin deutschen „rheinischen“ Kapitalismus eingebaut werden. Die angestrebte Krupp-Thyssen Fusion mag als ein Beispiel für eine solche Kombination dienen, die Biotechnologie als ein anderes. Die feindliche Übernahme von Thyssen durch Krupp scheiterte, die Fusion auf dem Verhandlungswege schreitet jedoch voran.

In der Biotechnologie hat Deutschland die Wende geschafft und den Anschluß an die Weltspitze gefunden (Financial Times, 23. Oktober 1997). Ein Ende Oktober 1997 vom Bundeswirtschaftsministerium vorgestelltes Gutachten der Forschungsinstitute Prognos und Ifo (Handelsblatt, 22.19.1997) sieht die Bundesrepublik mittlerweile international hinter den USA, Großbritannien und Frankreich schon auf Platz vier – mit steigender Tendenz. Doch auch hinter dieser Erfolgsgeschichte werden weiterhin Eigenheiten der „meso-korporativen Marktwirtschaft“ sichtbar: Nicht wenige Unternehmensneugründungen verdanken sich einer erheblichen öffentlichen Anschubfinanzierung.

Man sieht: auf der betrieblichen Ebene wie auch bei den industriellen Beziehungen sind Reformen unterwegs. Es ist aber keineswegs ausgemacht, ob die Neuausrichtung der Unternehmen nicht den deutschen Regulierungstyp untergräbt. Denn die Reorganisation des Innovationsmodells hinkt der Reorganisation des Produktionsmodells auf betrieblicher Ebene hinterher. Noch werden Rationalisierungsgewinne nicht in neue Arbeitsplätze umgesetzt. Zudem forcieren die neuen Managementkonzepte und Unternehmensorganisationen Tendenzen zu einer Dezentralisierung industrieller Beziehungen. Ist die Umgestaltung nicht in einen verläßlichen, soziale Mindeststandards verbürgenden Rahmen eingebettet, werden die auf sozialen Ausgleich bedachten Institutionen der sozialen Marktwirtschaft allmählich erodieren. Angesichts des Umbruchs in Europa und des weltweiten Strukturwandels wird dieser Rahmen neuartigen Belastungsproben ausgesetzt.

Öffentliche Meinung
Nach einer Emnid-Umfrage von November 1997 sind gut 80% der Deutschen der Meinung, daß grundlegende Reformen in Deutschland notwendig sind, um im weltweiten Wettbewerb bestehen zu können (Handelsblatt 17.12.1997). Die Bürger beklagen den Reformstau; vor allem die Politik klagen sie an. 60% sagen, der Staat setze die notwendigen Reformen nicht um. Den Staat halten sie für unbeweglich (73,4%), bevormundend (63,9%) und leistungshemmend (58,8%). Sind die Bundesdeutschen aber auch im persönlichen Leben reformwillig? Es ist schließlich allgemein menschlich,Verzicht und Effizienz zunächst beim jeweils anderen einzuklagen.

Nach einer Umfrage vom April 1997 (Jung 1997) sagen 59% ohne Einschränkungen und weitere 13% mit dem Zusatz „teilweise", daß die meisten Menschen in der Bundesrepublik zu wenig zum Umbruch und zum Umdenken bereit seien. Allerdings gerät das Urteil bei den eigenen Freunden und Bekannten positiver. Hier machen nur noch 28% bzw. 18% keine Bereitschaft zum Umdenken aus. Für sich selbst geben dies nur 22% bzw. 8% zu. Besondere Veränderungen werden in der Arbeitswelt und im Sozialsystem erwartetet, Bereiche also, die erhebliche Auswirkungen auf die persönliche Lebenssituation haben. Insofern wird verständlich, daß sich ein doch nicht unbeträchtlicher Teil sich selbst und den Freunden und Bekannten mangelnde Veränderungsbereitschaft attestiert und es sollte hoffnungsvoll stimmen, daß der von Präsident Herzog beschworene „Ruck durch die Gesellschaft" es immerhin auf Platz zwei der Liste der „Worte des Jahres 1997" geschafft hat.

Resümee

Dies ist absehbar: Die große durchgreifende Reform als Königsweg wird es nicht geben. Veränderungen kommen auf vielen Pfaden daher. Deutschland ist mitten im Strukturwandel. Viele Unternehmen haben die Herausforderungen angenommen, in der Bevölkerung ist ein deutlicher Wille zur Veränderung erkennbar. Noch hinkt die Politik hinterher. Insgesamt stehen die Chancen so schlecht nicht. Bei über vier Millionen Arbeitslosen *auch* von den Stärken des „Modell Deutschland" zu sprechen, fordert Widerspruch heraus. Müssen wir nicht die Eigenheiten der „meso-korporativen Marktwirtschaft" schleunigst über Bord werfen, die als Besonderheit Deutschland bislang ausgezeichneten? Die Anwort dieses Bandes ist eindeutig: das Modell der Sozialen Marktwirtschaft ist zukunftsträchtig.

Diese Antwort beruht auf drei Pfeilern: Globalisierung führt nicht notwendigerweise zur Homogenisierung der Sozial- und Wirtschaftssysteme (Abschnitt 3.4), der Umbruch in Osteuropa und die europäische Integration eröffnet dem Standort Deutschland neue Chancen (Abschnitt 3.2. und 3.3) – und schließlich: welche andere Volkswirtschaft hätte sich so viele wirtschaftspolitische Fehlentwicklungen und Fehlentscheidungen, wie im Vereinigungsprozess (Abschnitt 3.1), überhaupt leisten können? Wem das letzte Argument zu zynisch vorkommt, sei abschließend auf das Ergebnis zweier Studien hingewiesen, die Vor und Nachzüge von „Modell Deutschland" mit dem der britischen Wirtschaftsordnung vergleichen, die derzeit vielfach als nachzuahmendes Vorbild gehandelt wird.

In einer zweijährigen Untersuchung hat das britische National Institute of Economic and Social Research deutsche und britische Produkte, von Gartenscheren und Blusen bis zu Biskuits, miteinander verglichen (Financial Times, 15. September 1997). Die deutschen Produkte wurden durchwegs als qualitativ hochwertiger bewertet. Grund sei das höhere Ausbildungsniveau des Konkurrenten. Falls der Vorsprung in der Produktqualität in die Produktivität einbezogen würde, so das Institut, würde der deutsche Produktivitätsvorsprung gegenüber Großbritannien von 15 auf 50% steigen. Ähnlich kam in einem geheimen Papier die Europäische Kommission jüngst zum Ergebnis, daß die vielgepriesene Flexibilität Großbritanniens auch Ausdruck einer schwachen ökonomischen Struktur sei (Financial Times, 20. Juni 1997). Wichtige Merkmale ihrer Wirtschafts- und Sozialpolitik – flexible Arbeitsmärkte, vergleichsweise niedrige Sozialstandards und freie Wechselkurse – seien nur ein Reflex auf die mangelnde Wettbewerbsfähigkeit. Letztlich könne Großbritannien mit der deutschen Wirtschaft nicht mithalten, weil Ausbildung und Fortbildung zu sehr vernachlässigt würden. Die britischen Produkte und Dienstleistungen seien sehr preissensibel, während deutsche Produzenten einen Aufschlag auf ihre Qualitätsprodukte verlangen könnten. Da britische Unternehmer ihre Märkte viel weniger kontrollieren könnten als ihre deutschen Konkurrenten, seien sie viel weniger willens, langfristige Investitionen zu tätigen.

Für die Bundesrepublik führt die Studie demgegenüber aus, daß die hauptsächlichen Probleme durch die Vereinigung ausgelöst worden seien, wenngleich auf übermäßige Steigerungen bei den Arbeitskosten und auf die unterentwickelte Dienstleistungskultur hingewiesen wird. Zu hoffen ist, daß das „Modell Deutschland" flexibel genug bleibt, auf diese und seine weiteren Schwächen zu reagieren, ohne Selbstgerechtigkeit, doch mit Selbstbewußtsein. Zu dieser Art von Standort-Diskussion wollte dieses Buch beitragen.

Literaturverzeichnis

Allen, Christopher S. 1992: From Social Market to Mesocorporatism to European Integration, in: Michael G. Huelshoff, et al. (Hrsg.): From Bundesrepublik to Deutschland. German Politics after Unification, Ann Arbor: Michigan University Press, S. 61-76.

Arbeitsgemeinschaft deutscher wirtschaftswissenschaftlicher Forschungsinstitute: Die Lage der Weltwirtschaft und der deutschen Wirtschaft im Herbst 1994, Hamburg 1994.

Berthold, Norbert/Fehn, Rainer 1997: Der Euro allein schafft keine Arbeitsplätze in: Frankfurter Allgemeine Zeitung, 9. August 1997.

Boje, Jürgen/Schneider, Hilmar 1995: Der Umbruch am ostdeutschen Arbeitsmarkt, in: Rüdiger Pohl (Hrsg.): Herausforderung Ostdeutschland. Fünf Jahre Währungs-, Wirtschafts- und Sozialunion, Berlin: Analytica, S. 121-138.

Bornschier, Volker (Hrsg.) 1997: Statebuilding in Europe. The Revitalization of West European Integration in the 1980s. Harwood: Harwood Academic Publishers.

Bourdieu, Pierre 1997: Der Tote packt den Lebenden. Hamburg: VSA (Schriften zu Politik und Kultur 2, hg. v. Margareta Steinrücke).

Braczyk, Hans-Joachim/Cooke, Philip/Heidenreich, Martin (Hrsg.) 1998: Regional Innovation Systems – The Role of Governances in a Globalized World, London: UCL-Press.

Braudel, Fernand 1991: Die Dynamik des Kapitalismus, 2. Aufl., Stuttgart: Klett-Cotta.

Brezinski, Horst 1996: Der Stand der wirtschaftlichen Transformation, in: Georg Brunner (Hrsg.): Politische und ökonomische Transformation in Osteuropa, Berlin: Berlin Verlag, S. 131-162 (Osteuropaforschung, Bd. 36).

Busch, Klaus, 1994: Europäische Integration und Tarifpolitik. Lohnpolitische Konsequenzen der Wirtschafts- und Währungsunion. Bonn: Bund Verlag.

Commerzbank 1997: ViewPoint. Commerzbank's Focus on German and European Economic Issues 5/97.

Coordes, Gesa 1996: Die Drohung mit der schwarzen Liste läßt viele weich werden, in: Frankfurter Rundschau, 18.11.1996.

Crouch, Colin 1994: Industrial Relations and European State Traditions, Oxford: Clarendon Press.
d'Iribarne, Philippe 1995: Europäische Integration und nationale Eigenart in der Organisation, in: SOFI (Hrsg.): Im Zeichen des Umbruchs. Opladen: Leske + Budrich, S.49-54.
DIW/IfW/IWH Halle 1997: Gesamtwirtschaftliche und unternehmerische Anpassungsfortschritte in Ostdeutschland. Fünfzehnter Bericht, Halle/S. (IWH-Forschungsreihe 2/1997).
Dolata, Ulrich 1997: Das Phantom der Globalisierung, in: Frankfurter Rundschau, 30.1.1997, S. 12.
Ebbinghaus, Bernhard/Visser Jelle, 1997: Der Wandel der Arbeitsbeziehungen im westeuropäischen Vergleich, in: Stefan Hradil,/ Stefan Immerfall, (Hrsg.): Die westeuropäischen Gesellschaften im Vergleich, Opladen: Leske + Budrich S. 333-376.
Ehrenberg, Herbert 1997: Die große Standortlüge. Plädoyer für einen radikalen Kurswechsel in der Wirtschafts-, Finanz- und Sozialpolitik. Bonn: Verlag J. H. W. (Dietz Politik im Taschenbuch, Bd. 19).
Franz, Peter 1994a: Veränderungen in Arbeit und Beruf, in: Ulfert Herlyn/Lothar Bertels (Hrsg.): Stadt im Umbruch: Gotha. Wende und Wandel in Ostdeutschland, Opladen:Leske + Budrich, S. 178-201.
Franz, Peter 1994b: Zum Wandel politischer Institutionen und Orientierungen, in: Ulfert Herlyn/Lothar Bertels (Hrsg.): Stadt im Umbruch: Gotha. Wende und Wandel in Ostdeutschland, Opladen: Leske + Budrich, S. 99-139.
Franz, Peter 1995: Verbraucherpreise in ost- und westdeutschen Städten – Ein Indikator für die Angleichung der Lebensverhältnisse? In: Wirtschaft im Wandel, 1. Jg., H. 1, S. 6-11.
Franz, Peter 1996: Ostdeutsche Technologie- und Gründerzentren in der Aufbauphase, Halle/S. (IWH-Forschungsreihe 4/1996).
Franz, Peter 1997: Ungleichheitssemantiken im Globalisierungsdiskurs, in: Stefan Hradil (Hrsg.): Differenz und Integration. Die Zukunft moderner Gesellschaften, Tagungsband des 28. Kongreßes der Deutschen Gesellschaft für Soziologie, Frankfurt/Main: Campus, S. 843-857.
Franz, Peter 1998: Kommunale Wirtschaftspolitik auf der Suche nach innovationsfördernden Faktorkonstellationen – Zur Funktion ostdeutscher Technologie- und Gründerzentren, in: Martin Junkernheinrich (Hrsg.): Regionalpolitik im vereinten Deutschland. Räumliche Aspekte der inneren Integration (im Druck).
Franz, Peter et al. 1996: Suburbanisierung von Handel und Dienstleistungen. Ostdeutsche Innenstädte zwischen erfolgreicher Revitalisierung und drohendem Verfall, Berlin: Analytica.
Gabrisch, Hubert 1995: Produktionsverlagerungen deutscher Unternehmen nach Mittel- und Osteuropa, in: Wirtschaft im Wandel, 1. Jg., H. 12, S. 6-11.
Gabrisch, Hubert 1997a: Reale Aufwertung: Wachstumsbremse für mittel- und osteuropäische Länder, in: Wirtschaft im Wandel, 3. Jg., H. 2, S. 16-23.

Gabrisch, Hubert 1997b: Transformation und Wirtschaftsentwicklung. Ein Vergleich zwischen Ostdeutschland und mitteleuropäischen Transformationsländern, Vortragsmanuskript, Halle/S.

Gabrisch, Hubert/Schneider, Hilmar 1997: Beschäftigungswunder Tschechien: Niedrige Löhne und viel öffentliche Verwaltung, in: Wirtschaft im Wandel, 3. Jg., H. 3, S. 5-9.

Geißler, Rainer 1996: Die Sozialstruktur Deutschlands. Zur gesellschaftlichen Entwicklung mit einer Zwischenbilanz zur Vereinigung, 2. neub. u. erw. Aufl., Opladen: Westdeutscher Verlag.

Giesen, Bernd/Leggewie, Claus (Hrsg.) 1991: Experiment Vereinigung: ein sozialer Grossversuch, Berlin: Rotbuch Verlag.

Gordon, Richard 1995: Globalization, New Production Systems and the Spatial Division of Labor, in: W. Littek/T. Charles (Hrsg.): The New Division of Labor. Emerging Forms of Work Organization in International Perspective, Berlin/New York: de Gruyter, S. 161-207.

Grabher, Gernot 1994: Die Eleganz von Inkohärenz, in: WZB-Mitteilungen, H. 66, S. 29-31.

Grabow, Busso et al. 1995: Weiche Standortfaktoren, Berlin. (Schriften des Deutschen Instituts für Urbanistik, Bd. 89).

Haschke, Ingrid 1995: Zur Bestandsentwicklung bei Direktinvestitionen, in: Wirtschaft im Wandel, 1. Jg., H. 16, S. 8-11.

Heilemann, Ullrich/Rappen, Hermann 1996: Was kostet uns die Einheit? In: Hamburger Jahrbuch für Wirtschafts- und Gesellschaftspolitik, 41. Jg., S. 85-110.

Heimpold, Gerhard/Junkernheinrich, Martin 1995: Konzeptionen der Wirtschaftsförderung, in: Rüdiger Pohl (Hrsg.): Herausforderung Ostdeutschland. Fünf Jahre Währungs-, Wirtschafts- und Sozialunion, Berlin: Analytica, S. 371-392.

Henssler, M. 1994: Flexibilisierung der Arbeitsmarktordnung – Überlegungen zur Weiterentwicklung der tariflichen Regelungsmacht, in: Zeitschrift für Arbeitsrecht, 25. Jg., S. 487-515.

Herrigel, Gary 1996: Industrial Constructions: The Sources of German Industrial Power, Cambridge, MA: Cambridge University Press.

Hirschman, Albert O. 1992: Denken gegen die Zukunft. Die Rhetorik der Reaktion, München: Carl Hanser.

Hodges, Michael/Woolcock, Stephen 1993: Atlantic Capitalism versus Rhine Capitalism in the European Community in: West European Politics, 16. Jg., Nr. 3, S 329-344.

Hollingsworth, J. Rogers 1998: Territoriality in Modern Societies: The Spatial and Insitutional Nestedness of National Economies, in Stefan Immerfall (Hrsg.), Territoriality in the Globalizing Society, Berlin etc.: Springer, S. 17-40.

Huber, Joseph 1996: Politische Wertesynthese und sozialstaatliches Differenzenprinzip, in: Meinolf Dierkes/Klaus Zimmermann (Hrsg.): Sozialstaat in der Krise. Hat die soziale Marktwirtschaft noch eine Chance?. Frankfurt/Wiesbaden: Frankfurter Allgemeine/Gabler, S. 193-209.

HWWA-Institut für Wirtschaftsforschung 1995: Grenzüberschreitende Produktion und Strukturwandel: Globalisierung der deutschen Wirtschaft. Gutachten im Auftrag des Bundesministeriumns für Wirtschaft, Hamburg.
Immerfall, Stefan 1996: Einführung in den europäischen Gesellschaftsvergleich. (2. Aufl.) Passau: Rothe.
Immerfall Stefan 1996a: Das Kapital des Vertrauens. Über soziale Grundlagen wirtschaftlicher Wettbewerbsfähigkeit, in: Gegenwartskunde 44. Jg., H. 4, S. 485-495.
Immerfall, Stefan 1996b: Sozialer Wandel und soziale Angleichung: Das europäische Modell im globalen Wettbewerb, in: Lars Clausen (Hrsg.): Gesellschaften im Umbruch. Frankfurt a.M./New York: Campus, S. 324-334.
Immerfall, Stefan 1997: Zwischen Deregulierung und Reorganisation: Zur Entwicklung der industriellen Beziehungen in Europa, in: Österreichische Zeitschrift für Soziologie, 22. Jg., H. 1, S. 28-40.
Immerfall, Stefan 1998a: Germany's Social and Industrial Order: Will it Weather European Integration and Economic Globalization? In: Carl Lankowski and Michael Kreile (Hrsg.), Germany in the Shaping of the New Europe. Architect, Model, Bridge? Oxford: Berghahn Books (im Druck).
Immerfall, Stefan,1998b: Strukturwandel und Strukturschwächen der deutschen Mitgliederparteien, in: Aus Politik und Zeitgeschichte B 1-2/98, S. 3-12.
Immerfall, Stefan/Sobisch, Andreas 1997: Europäische Integration und Europäische Identität. Die Europäische Union im Bewußtsein ihrer Bürger in: Aus Politik und Zeitgeschichte B 10/97, S. 25-37.
Immerfall, Stefan et al. 1998: Disembeddedness and localization: The persistence of territory, in: Stefan Immerfall (Hrsg.), Territoriality in the Globalizing Society. Berlin etc.: Springer, S. 175-207.
Irwin, Douglas A. 1996: The United States in a New Global Economy? A Century's Perspective, in: American Economic Review, 86. Jg., Nr. 2, S. 41-46.
Jost, Thomas 1997: Direktinvestitionen und Standort Deutschland. Frankfurt/M. (Diskussionspapier 2/97 der Volkswirtschaftlichen Forschungsgruppe der Deutschen Bundesbank).
Jung, Helmut 1997: Umbruch oder Unsicherheit? Die Haltungen der Bürger aus der Sicht der Meinungsforschung, in: Politische Studien, 48. Jg., 355, S. 72-95.
Junkernheinrich, Martin/Skopp, Robert 1995: Wirtschaftliche Konvergenz und räumliche Wachstumspole: Zur regionalökonomischen Lage in Ostdeutschland, in: Rüdiger Pohl (Hrsg.): Herausforderung Ostdeutschland. Fünf Jahre Währungs-, Wirtschafts- und Sozialunion, Berlin: Analytica, S. 217-238.
JWB 1992: Jahreswirtschaftsbericht der Bundesregierung, Stuttgart.
Keller, Berndt 1995: Einführung in die Arbeitspolitik. Arbeitsbeziehungen und Arbeitsmarkt in sozialwissenschaftlicher Perspektive (4., durchgesehene Aufl.) München/Wien: Oldenbourg.

Klein, Werner/Paraskewopoulos, Spiridon/Winter, Helmut (Hrsg.) 1994: Soziale Marktwirtschaft: ein Modell für Europa? Festschrift für Gernot Gutmann zum 65. Geburtstag, Berlin: Duncker & Humblot.
Kosta, Jirí 1997: Die ökonomische Transformationsstrategie Tschechiens im Vergleich zur Slowakei, Ungarn und Polen, Berlin (WZB Discussion Paper FS II 97-602).
Krauss, Gerhard 1997: Technologieorientierte Unternehmensgründungen in Baden-Württemberg, Stuttgart (Arbeitsbericht der Akademie für Technikfolgenabschätzung in Baden-Württemberg, Nr. 77).
Krugman, Paul R. 1996: The Adam Smith Address: What Difference Does Globalization Make? In: Business Economics, 31. Jg., S. 7-10.
Lachmann, Werner/Haupt, Reinhard/Farmer, Karl (Hrsg.) 1996: Erneuerung der Sozialen Marktwirtschaft. Chancen und Risiken, Münster: Lit Verlag.
Lange, Elmar 1996: Internationale Arbeitsteilung und nationale Wohlfahrtsentwicklung – Zum Stand der Diskussion, in: Ders./Helmut Voelzkow (Hrsg.): Räumliche Arbeitsteilung im Wandel, Marburg: Metropolis, S. 17-43.
Löbbe, Klaus et al. 1997: Der Wirtschaftsstandort Deutschland vor dem Hintergrund regionaler Entwicklungen in Europa, Essen (Untersuchungen des Rheinisch-Westfälischen Instituts für Wirtschaftsforschung, H. 22).
Lüdemann, Ernst 1996: Die Weltwirtschaft im 20. Jahrhundert. Eine statistische Übersicht, Frankfurt/M. (IMSF Forschung & Diskussion 13).
Lutz, Burkart 1984: Der kurze Traum immerwährender Prosperität. Eine Neuinterpretation der industriell-kapitalistischen Entwicklung im Europa des 20. Jahrhunderts, Frankfurt/New York: Campus.
Lutz, Burkart u.a. (Hrsg.) 1996: Produzieren im 21. Jahrundert – Herausforderungen für die deutsche Industrie. Ergebnisse des Expertenkreises „Zukunftsstrategien", Band 1, Frankfurt/M.: Campus.
Martin, Hans-Peter/Schumann, Harald 1996: Die Globalisierungsfalle. Der Angriff auf Demokratie und Wohlstand, Reinbek: Rowohlt.
Mayer, Otto G. 1996: Standort Deutschland – neue Herausforderungen angesichts veränderter Wettbewerbsbedingungen? In: Aus Politik und Zeitgeschichte, B 26/96, S. 3-13.
Meißner, Thomas 1996: Direktinvestitionen in Mittel- und Osteuropa: Entwicklung 1995 und Ziele von Unternehmen, in: Wirtschaft im Wandel, 2. Jg., H. 3, S. 8-12.
Menzel, Ulrich 1995: Die neue Weltwirtschaft. Entstofflichung und Entgrenzung im Zeichen der Postmoderne, in: Peripherie, 15. Jg., H. 59/60, S. 30-44.
Menzel, Ulrich 1996: Die neuen Feindbilder. Die Renaissance von Geopolitik und Geokultur in den neuen internationalen Beziehungen, in: Universitas, 51. Jg., H. 1, S. 10-19.
Mutz, Gerd et al. 1995: Diskontinuierliche Erwerbsverläufe. Analysen zur postindustriellen Arbeitslosigkeit, Opladen: Leske + Budrich.
Naschold, Frieder/Bogumil, Jörg 1998: Modernisierung des Staates. New Public Management und Verwaltungsreform: Opladen: Leske + Budrich.

O. Verf. 1996: Aktuelle Trends, in: Wirtschaft im Wandel, 2. Jg., H. 13, S. 2.
Offe, Claus 1994: Der Tunnel am Ende des Lichts. Erkundungen der politischen Transformation im Neuen Osten, Frankfurt/M.: Campus.
Packeiser, Manfred/Ragnitz, Joachim 1995: Erwartungen für die ostdeutsche Wirtschaft aus der Sicht des 1. Halbjahres 1990, in: Rüdiger Pohl (Hrsg.): Herausforderung Ostdeutschland. Fünf Jahre Währungs-, Wirtschafts- und Sozialunion, Berlin: Analytica, S. 67-76.
Pohl, Rüdiger 1995: Die Entfaltung einer Marktwirtschaft – Die ostdeutsche Wirtschaft fünf Jahre nach der Währungsunion, in: Ders. (Hrsg.): Herausforderung Ostdeutschland. Fünf Jahre Währungs-, Wirtschafts- und Sozialunion, Berlin: Analytica, S. 11-32.
Pohl, Rüdiger/Schneider, Hilmar 1996: Tarifpolitische Ansatzpunkte für eine Stärkung der Wettbewerbsfähigkeit der ostdeutschen Wirtschaft, in: Wirtschaft im Wandel, 2. Jg., H. 13, S. 3-10.
Pollack, Detlef 1996: Kommunikative Mißverständnisse: Zur Entstehung der mentalen Spaltung zwischen Ostdeutschen und Westdeutschen, in: Frankfurter Rundschau, 29.6.1996.
Radke, Detlef 1994: Soziale Marktwirtschaft – eine Option für Transformations- und Entwicklungsländer? Berlin. (Schriften des Deutschen Instituts für Entwicklungspolitik, Bd. 107).
Ragnitz, Joachim 1995: Wirtschaftliche Konsequenzen in Westdeutschland, in: Rüdiger Pohl (Hrsg.): Herausforderung Ostdeutschland. Fünf Jahre Währungs-, Wirtschafts- und Sozialunion, Berlin: Analytica, S. 437-451.
Rose, Richard/Haerpfer, Christian 1996: The Impact of a Ready-made State. Die privilegierte Position Ostdeutschlands in der postkommunistischen Transformation, in: Helmut Wiesenthal (Hrsg.): Einheit als Privileg. Vergleichende Perspektiven auf die Transformation Ostdeutschlands, Frankfurt/M.: Campus, S. 105-140.
Saxenian, AnnaLee 1996: Regional Advantage. Culture and Competition in Silicon Valley and Route 128. (4. Aufl.) Cambridge, MA: Harvard University Press.
Schäfer, Wolf 1996: Die Marktwirtschaft unter dem Übermaß des Sozialen, in: Meinolf Dierkes/Klaus Zimmermann (Hrsg.): Sozialstaat in der Krise. Hat die soziale Marktwirtschaft noch eine Chance? Frankfurt/Wiesbaden: Frankfurter Allgemeine/Gabler, S. 127-144.
Scharpf, Fritz W. 1994: Mehrebenenpolitik im vollendeten Binnenmarkt. Staatswissenschaft und Staatspraxis, 5. Jg., H. 4, S. 475-501.
Schmidt, Manfred G. 1997: Das politische Leistungsprofil der Demokratien. Vortrag auf dem 20. wissenschaftlichen Kongreß der Deutschen Vereinigung für Politische Wissenschaft, Bamberg 13.-17. Oktober 1997.
Schneider, Hilmar 1996: Arbeitsmarkt Ostdeutschland 96/97: Keine weitere Beschäftigungsexpansion, in: Wirtschaft im Wandel, 2. Jg., H. 12, S. 11-14.
Sinn, Hans-Werner 1995: Schlingerkurs: Lohnpolitik und Investitionsförderung in den neuen Bundesländern, in: Gernot Gutmann (Hrsg.): Die Wett-

bewerbsfähigkeit der ostdeutschen Wirtschaft. Ausgangslage, Handlungserfordernisse, Perspektiven, Berlin: Duncker & Humblot, S. 23-60 (Schriften des Vereins für Socialpolitik, Bd. 239).
Smyser, W.R. 1993: The German Economy. Colossus at the Crossroads (2. Aufl.) New York, NY: St.Martin's Press.
Snelting, Martin 1997: Kommunale Zusammenarbeit in der Gewerbeflächenpolitik: Potentielle Kooperationsvorteile und fiskalische Kooperationsbarrieren, in: Wirtschaft im Wandel, 3. Jg., H. 2, S. 7-12.
SOFI (Soziologisches Forschungsinstitut Göttingen) (Hrsg.) 1995: Im Zeichen des Umbruchs – Beiträge zu einer anderen Standortdebatte, Opladen: Leske + Budrich.
Soltwedel, Rüdiger 1997: Dynamik der Märkte – Solidität des Sozialen. Leitlinien für eine Reform der Institutionen, Institut für Weltwirtschaft Kiel, April 1997 (Kieler Diskussionsbeiträge 297/298).
Soskice, David 1991: The Institutional Infrastructure for International Competitiveness, in: A.B. Atkinson/R. Brunetta (Hrsg.), The Economics of the New Europe. London: Macmillan, S. 45-66.
Soskice, David 1997: Die zukünftige politische Ökonomie der Europäischen Währungsunion, in: Jahrbuch für Arbeit und Technik (hg. v. Werner Frikke), S. 341-352.
Statistisches Bundesamt (Hrsg.) 1997: Datenreport 1997. Daten und Fakten über die Bundesrepublik Deutschland, Bonn (Schriftenreihe der Bundeszentrale für politische Bildung, Bd. 340).
Streeck, Wolfgang 1996a: Die Ent-Zivilisierung des Kapitalismus. Gewerkschaften zwischen Nationalstaat und Europäischer Union, in: Internationale Politik und Gesellschaft, 2. Jg., H. 4, S. 357-367.
Streeck, Wolfgang 1996b: Industrielle Beziehungen in einer internationalisierten Wirtschaft. Beitrag zu einem Workshop des Gesprächskreises Arbeit und Soziales der Friedrich-Ebert-Stiftung zum Thema „Globalisierung, Standortwettbewerb und Mitbestimmung“, Bonn, 24. 6.1996.
Streeck, Wolfgang 1997: German Capitalism: Does It Exist? Can It Survive? In: New Political Economy, 2. Jg., H. 2, S. 237-256.
Tober, Silke 1996: Die wirtschaftliche Entwicklung Kroatiens und Sloweniens seit ihrer Unabhängigkeit, in: Die wirtschaftliche Lage in Mittel- und Osteuropa 1995/1996. Überblick über ausgewählte Länder, Halle/S., S. 49-73 (IWH-Forschungsreihe 3/1996).
Werner, Klaus 1996: Starke deutsche Marktpositionen in Mittel- und Osteuropa, in: Wirtschaft im Wandel, 2. Jg., H. 10, S. 3-8.
Werner, Klaus 1997: Die wirtschaftliche Lage in Mittel- und Osteuropa – Ergebnisse 1996 und Prognose 1997, in: Wirtschaft im Wandel, 3. Jg., H. 5, S. 3-10.
Wiesenthal, Helmut 1996: Die Transition Ostdeutschlands. Dimensionen und Paradoxien eines Sonderfalls, in: Ders. (Hrsg.): Einheit als Privileg. Vergleichende Perspektiven auf die Transformation Ostdeutschlands, Frankfurt/M.: Campus, S. 10-38.

Windolf, Paul 1998: The Integration of the East German Firms into the Western Market Economy, in: Stefan Immerfall (Hrsg.), Territoriality in the Globalizing Society, Berlin etc.: Springer, S. 67-91

Wortmann, Michael/Dörrenbächer, Christoph 1997: Multinationale Konzerne und der Standort Deutschland, in: Jahrbuch für Arbeit und Technik (hg. v. Werner Fricke), S. 28-42.

Zinn, Karl G. 1992: Soziale Marktwirtschaft. Idee, Entwicklung und Politik der bundesdeutschen Wirtschaftsordnung, Mannheim: Bibliographisches Institut.

5. Materialien

Materialien 1: Deutsche Lohn- und Sozialkosten im internationalen Vergleich

Arbeitskosten

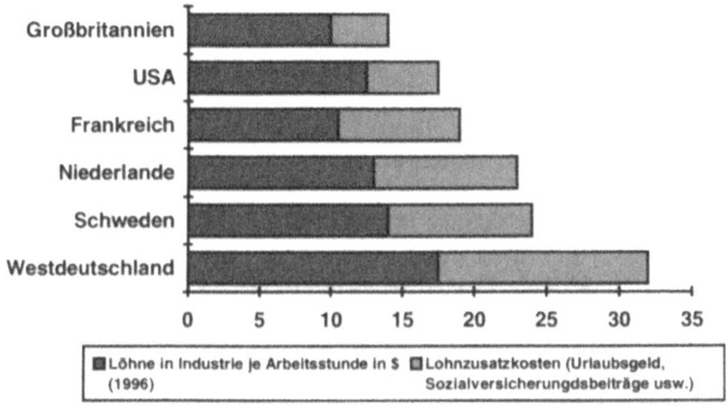

Lohnstückkosten

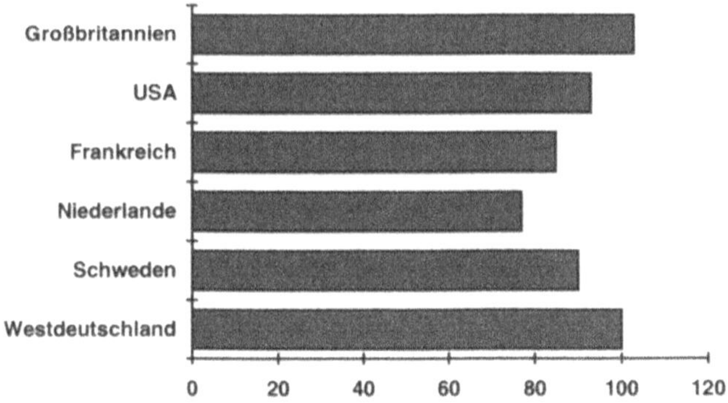

Lohnstückkosten (Verhältnis von Arbeitskosten und Produktivität) im verarbeitenden Gewerbe;

Index: Westdeutschland 1996 = 100.

Quelle: Schwedischer Arbeitgeberverband und Institut der deutschen Wirtschaft.

Materialien 2: Bundesbankpräsident Tietmeyer zur Rolle der Geldwertstabilität in der Sozialen Marktwirtschaft

(...) Die öffentliche Diskussion versteht bis heute unter europäischer Integration vor allem das Schaffen gemeinsamer Einrichtungen, das Übertragen vormals nationaler Aufgaben und Rechte auf supranationale oder intergouvernementale Strukturen. Das war bekanntlich nicht Erhards zentrales Verständnis von Integration. Er setzte dieser institutionellen Integration seinen Begriff der vorrangig funktionalen Integration gegenüber. Auch die funktionale Integration schränkt nationale Souveränität ein, reduziert Spielräume. Aber diese werden nicht oder zumindest nicht prioritär von einer übergeordneten institutionellen Befehlsgewalt ausgefüllt. Sie werden vielmehr vor allem vom anonymen Marktprozeß absorbiert.

Funktionale Integration heißt im Verständnis von Ludwig Erhard, eine internationale Ordnung zu setzen, „ein System, das aus seinem inneren Ordnungsgefüge heraus ein bestimmtes Verhalten der einzelnen Länder und Volkswirtschaften gewissermaßen erzwingt." (Ludwig Erhard: *Europäische Einigung durch funktionale Integration*; Rede in Paris am 7. Dezember 1954)

Der Marktprozeß verzahnt die Volkswirtschaften. Sie durchdringen einander. Und der verstärkte internationale Wettbewerb wirkt auf eine Entgrenzung der nationalen Wirtschaftspolitik hin. So leistet die gemeinsame Ordnung eine tiefgreifende, nachhaltige Integration der Länder. (...)

Eine weitgehende soziale Harmonisierung ist [in Europa] heute wie damals [in den fünfziger Jahren] angesichts der unterschiedlichen Traditionen und Strukturen politisch nicht durchsetzbar, erst recht nicht weltweit. Sie ist ökonomisch auch fragwürdig, wenn sie zum Beispiel schwächere Regionen daran hindert, niedrigere Produktivität durch entsprechend niedrigere Arbeitskosten auszugleichen. Das würde deren Wettbewerbsfähigkeit ruinieren. Und für die Menschen dort wäre die vermeintliche soziale Wohltat ein Danaergeschenk. Erhard wies damals zu Recht den Vorschlag einer durch staatliche Vereinbarungen herbeizuführenden sozialen Harmonisierung als politisch illusionär und ökonomisch widersinnig zurück. Zugleich trat er von Anfang an für eine möglichst weltoffene und marktorientierte Integration ein.

(...)

Die deutsche Europapolitik folgte von Beginn an zwei Linien, die bis heute charakteristisch sind:

- dem genuin politischen Motiv, Deutschland in Westeuropa einzubinden und insbesondere die Aussöhnung mit Frankreich zu betreiben;
- und dem ökonomischen Motiv, eine freiheitliche und weltoffene Wirtschaftsordnung für Europa zu schaffen sowie das ökonomische Zusammenwachsen auf eine solide marktwirtschaftliche Grundlage zu stellen.

Zwischen beiden Motiven kann kurzfristig ein Spannungsverhältnis bestehen. Das Eintreten für ein solides ökonomisches Fundament kann politisch zunächst unbequem erscheinen; aber es ist unverzichtbar. Niemand kann heute seriös ausschließen, daß im Frühjahr 1998, wenn der Europäische Rat die Teilnehmer zu Beginn der Währungsunion festlegt, nicht auch politisch unangenehme Entscheidungen notwendig werden. Nicht von ungefähr hat der Präsident der Kommission, Jacques Santer, vor kurzem die Tatsache beklagt, daß einige Länder die Mitgliedschaft in der Währungsunion bereits zur Angelegenheit nationalen Stolzes gemacht haben.

Mittel- und langfristig jedoch bedingen und ergänzen sich politische und ökonomische Kalküle. Das politische Ziel, Fortschritt der Integration und präventives Vermeiden von Spannungen zwischen den Ländern, verlangt letztlich, daß die fortschreitende ökonomische Integration erfolgreich verläuft. Umgekehrt hängt der ökonomische Erfolg langfristig an der politischen Bereitschaft, die Konsequenzen aus der ökonomischen Integration zu akzeptieren.

Diese Interdependenz ist genau die Problematik der Währungsunion. Ihre politischen Hoffnungen kann sie nur erfüllen, wenn der Euro eine dauerhaft stabile Währung wird und wenn das währungsmäßige Zusammenschweißen der Teilnehmer nicht zu übermäßigen ökonomischen Spannungen führt. Umgekehrt brauchen die langfristige Stabilität des Euro und der dauerhafte Bestand der Währungsunion neben einer soliden Grundlage für den Start auch ein Mindestmaß an politischer Gemeinsamkeit im Denken und Handeln, im Bewerten der Ziele und in der Analyse der Wirkungszusammenhänge. (...) Die Währungsunion braucht das gemeinsame Ja aller Teilnehmer zur marktwirtschaftlichen Ordnung und insbesondere auch das Ja zur dauerhaften Geldwertstabilität.

(...)

Ist die unter dem Einfluß von Ludwig Erhard eingeführte und gestaltete Soziale Marktwirtschaft im Zeitalter globaler Märkte überhaupt noch machbar? Stellt uns die sprunghaft zunehmende Globalisierung der letzten Jahre nicht vor die Wahl: Entweder unsere liberalen außenwirtschaftlichen Prinzipien hochzuhalten um den Preis, den sozialen Ausgleich aufzugeben, oder umgekehrt den Sozialstaat mit Zähnen und Klauen zu verteidigen um den Preis, einen protektionistischen, aber letztlich doch nicht haltbaren Schutzwall um Europa zu ziehen?

(...)

Die Globalisierung verlangt keineswegs überall gleiche Strukturen und Sozialstandards. Um es pointiert auszudrücken: Wir brauchen in Deutschland keine Kinderarbeit, um international mitzuhalten. Und soziale Sicherung wird nicht unwichtig oder kontraproduktiv. Im Gegenteil! Der soziale Friede und die politische Stabilität sind für Investoren ganz wichtige Standortfaktoren, von unserem originären Eigeninteresse daran ganz abgesehen.

Nur, die nationale Sozialpolitik muß im Wettbewerb bestehen können. Die Kosten müssen in Übereinstimmung stehen mit der Produktivität, so daß die Kapitalrendite im internationalen Wettbewerb bestehen kann. Das ist der Kern. Und dieser Kern führt uns unmittelbar zurück zum Konzept der Sozialen Marktwirtschaft. Das „Soziale" im Konzept beschränkt sich ja nicht darauf, den sozialen Ausgleich zu fordern, sondern gibt auch eine Orientierung über das Wie.

Alfred Müller-Armack – mein akademischer Lehrer, Ludwig Erhards langjähriger politischer Weggefährte und gewissermaßen einer der autorisierten Exegeten der Sozialen Marktwirtschaft – hat unmißverständlich festgehalten:

„Die neue Wirtschaftsordnung erstrebt sozialen Fortschritt über marktkonforme Maßnahmen. Sie versteht darunter Maßnahmen, die den sozialen Zweck sichern, ohne störend in die Marktapparatur einzugreifen."

Eine Sozialpolitik etwa, die den Anreiz für Arbeitslose zur regionalen, sektoralen und beruflichen Mobilität systematisch schwächt, ist durch das Konzept der Sozialen Marktwirtschaft nicht gedeckt.

Die Globalisierung greift im wesentlichen nicht das Konzept der Sozialen Marktwirtschaft an, sondern die Auswüchse, die sich im Namen des Sozialen breitgemacht haben, also all das Inflexible und Starre. So gesehen bedeutet Globalisierung nicht Abschied, sondern Rückbesinnung auf Soziale Marktwirtschaft.

Geldwertstabilität spielt beim Rückbesinnen auf die Sozialen Marktwirtschaft eine elementare Rolle. Gerade wenn es darum geht, Ansprüche an den Staat und an die kollektiven Sicherungssysteme zurückzudrängen und statt dessen auf mehr Eigenverantwortung und Privatinitiative zu setzen. So kann beispielsweise der Staat nicht von seinen Bürgern fordern, mehr Eigenvorsorge für das Alter zu betreiben, würde er zugleich Geldentwertung zulassen und dadurch die Geldkapitalbildung verunsichern. Ludwig Erhard hat immer wieder auf den Zusammenhang zwischen Inflation und dem Hang zu kollektivistischen Lösungen hingewiesen.

(...) Weder die Bundesbank heute noch die Europäische Zentralbank morgen können gegen die Einschätzung der Märkte den Wechselkurs steuern. Und das bedeutet nicht, daß die Märkte pervers oder irrational handeln. Im Gegenteil! Der Wechselkurs ist in hohem Maße von Erwartungen bestimmt, von der Glaubwürdigkeit der Politikorientierung, insbesondere auch der Glaubwürdigkeit der Geldpolitik. Eine Zentralbank kann diese Glaubwürdigkeit nicht nach Belieben um ein paar Prozentpunkte variieren. Sie hat zum Beispiel Glaubwürdigkeit oder nicht. Und ohne eine glaubwürdige Geldpolitik liegt zwar der Außenwert niedrig. Aber der Preis dafür ist hoch. Neben relativ hohen Importpreisen bezahlt die Wirtschaft des Landes die Angst der Finanzmärkte vor unsolider Politik mit hohen Zinsen und zwar für lange Zeit.

Auf längere Sicht besteht ein unauflösbarer Zusammenhang zur Binnenstabilität. Ein nach innen stabiler Euro kann nicht nach außen schwach sein und umgekehrt. Die Quadratur des Kreises wird niemandem gelingen.

(...) Geldwertstabilität und Soziale Marktwirtschaft sind keine angestaubten Modelle aus den fünfziger Jahren. Sie sind vielmehr neue Zukunftsherausforderungen in der globalen Wirtschaft von morgen. (...)

Auszüge aus einem Festvortrag vor dem Walter-Eucken-Institut in Freiburg am 13. Januar 1997 anläßlich des hundertsten Geburtstages von Ludwig Erhard. Mit freundlicher Genehmigung von Prof. Dr. Dr. h.c. Hans Tietmeyer.

Materialien 3: Bruttoinlandsprodukt nach der Vereinigung

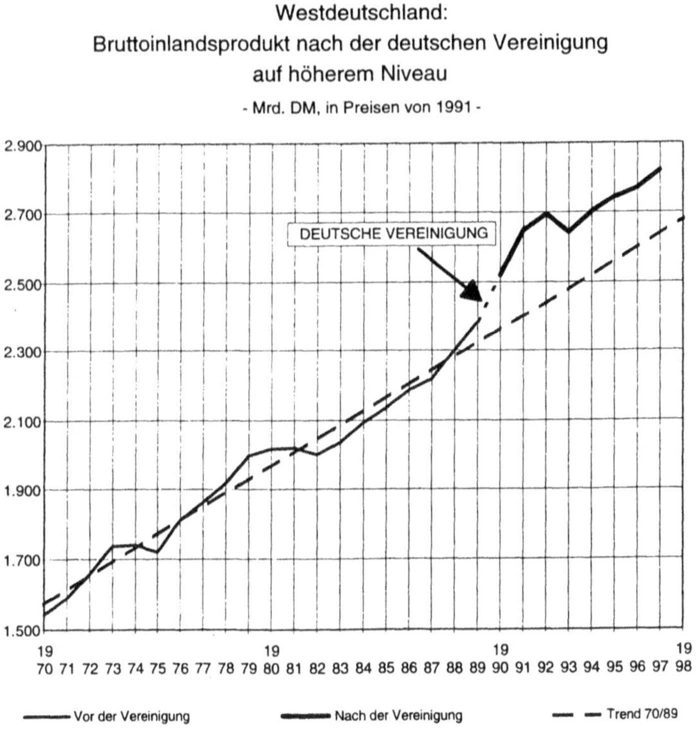

Quelle für Bruttoinlandsprodukt: Statistisches Bundesamt, 1996,97: IWH-Prognose.

Quelle: O. Verf. (1996: 2).

Materialien 4: Öffentliche Finanztransfers nach Ostdeutschland

Öffentliche Finanztransfers nach Ostdeutschland in Mrd. DM

	1991	1992	1993	1994[1]	1995[1]
Finanztransfers der Gebietskörperschaften[2]	**100,3**	**113,4**	**128,2**	**123,2**	**162,3**
– Fonds „Deutsche Einheit“	35,0	36,1	36,4	34,6	–
– Nettotransfer des Bundes	54,5	65,8	80,3	77,1	107,7[a]
dar.: „Erblastentildungsfonds“	–	–	–	–	28,5
– Umsatzsteuerausgleich der Länder	10,8	11,5	11,4	11,5	–
– Neuregelung des Finanzausgleichs	–	–	–	–	54,6
dar.: Umsatzsteuervorwegausgleich	–	–	–	–	15,7
Länderfinanzausgleich i.e.S.	–	–	–	–	11,3
Ergänzungszuweisungen einschl. Investitionshilfen des Bundes	–	–	–	–	24,4
Finanztransfers der Sozialversicherungen	**21,6**	**29,1**	**23,9**	**31,3**	**32,2**
– Arbeitslosenversicherung	21,6	24,6	15,1	17,4	18,0
– Rentenversicherung	0,0	4,5	8,8	13,9	14,2
Öffentliche Finanztransfers insgesamt	**121,9**	**142,5**	**152,1**	**154,5**	**194,5**
nachrichtlich:					
Budgetdefizit der Treuhandanstalt	**19,9**	**29,6**	**38,1**	**40,0**	–

1 Vorausschätzung der beteiligten Institute.
2 Ohne Verwaltungshilfen der Länder und Gemeinden, ohne Mindereinnahmen in Westdeutschland durch Inanspruchnahme von Investitionszulagen für Investitionen in den neuen Bundesländern, ohne Aufwendungen der Treuhandanstalt sowie ohne Zinssubventionen für ERP-Kredite.
a 1995 einschließlich der Zinsausgaben für die bis Ende dieses Jahres kumulierten Schulden der Treuhandanstalt.

Quellen: Statistisches Bundesamt, Bundesministerium der Finanzen, Treuhandanstalt, Berechnungen der Institute.

Materialien 5: Weiche und harte Standortfaktoren

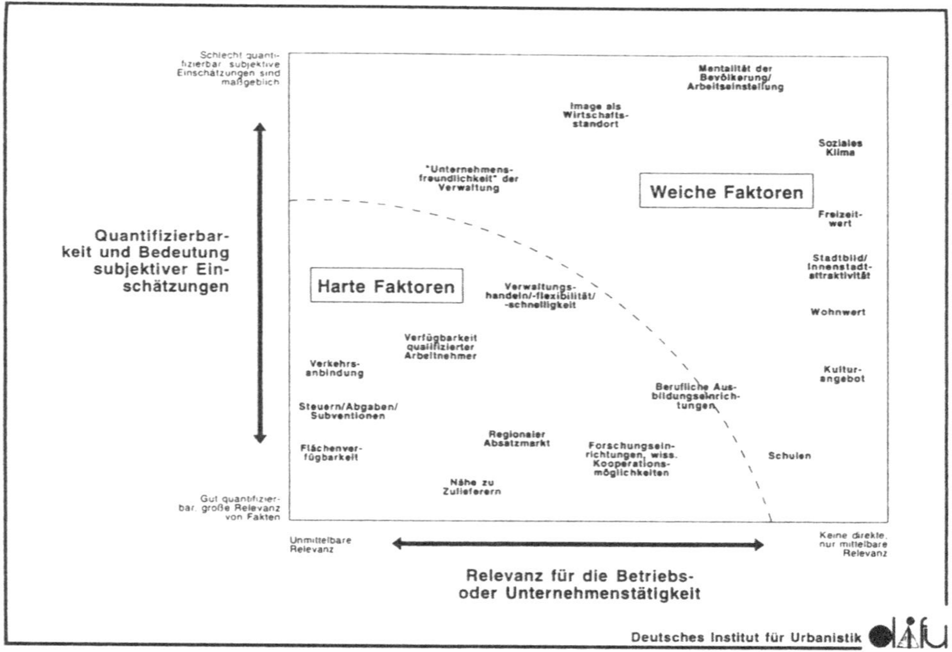

Quelle: Grabow et al. (1996: 65).

Materialien 6: Elemente eines regionalen Innovationssystems

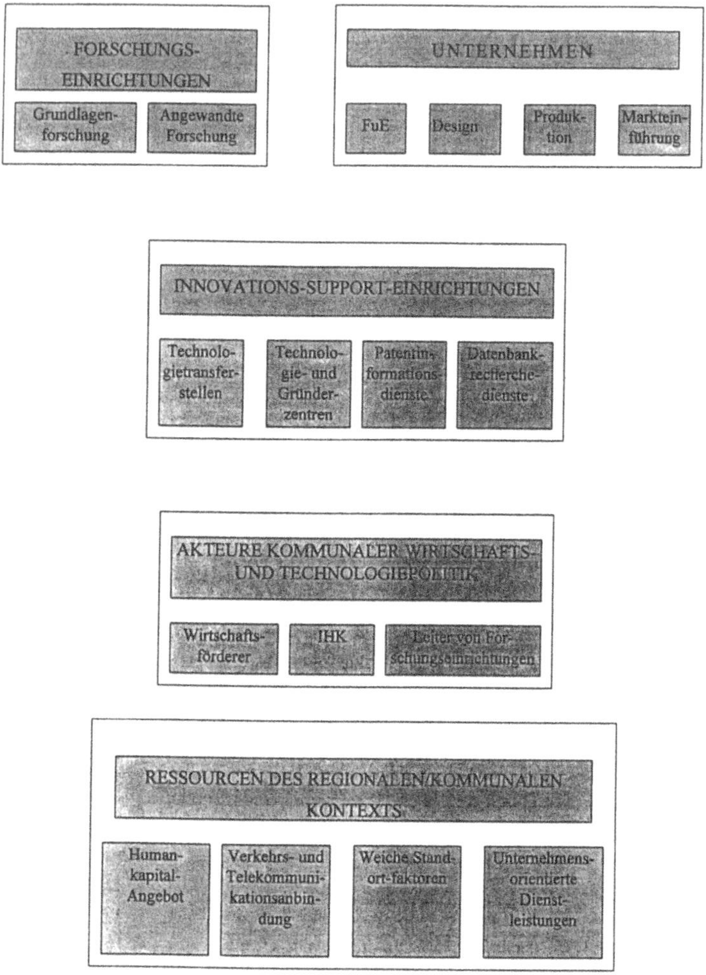

Quelle: Franz (1998).

Materialien 7: Technologie- und Gründerzentren in Ostdeutschland

Quelle: Franz (1996: 12).

Materialien 8: Lohnanstieg in den neuen Bundesländern

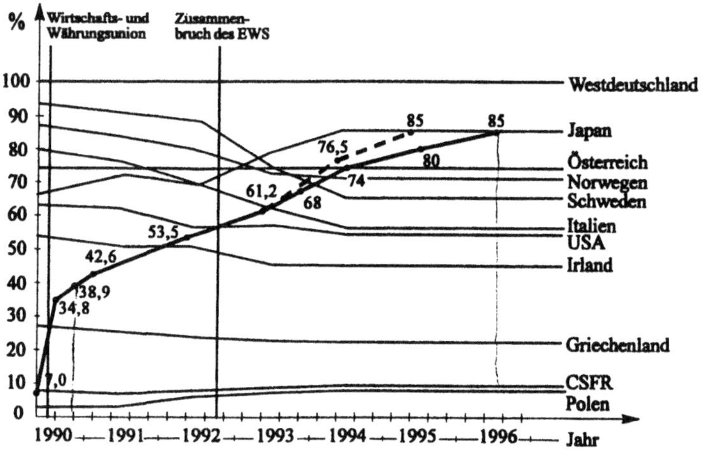

Legende: Die dargestellten Kurven beziehen sich auf die Länderspezifischen Bruttostundenlöhne der Industrie inklusive der Lohnnebenkosten. Die Lohnsteigerungsraten von 1990-94 wurden ebenso berücksichtigt wie die Veränderungen der Wechselkurse (jeweils Jahres-Durchschnittswerte). Beginnend mit dem zweiten Halbjahr 1994 sind für das Ausland Status-Quo-Prognosen dargestellt. Der Lohnpfad für die neuen Bundesländer entspricht den tarifvertraglich bereits bis 1996 getroffenen Vereinbarungen inklusive der Neuverhandlungen des Jahres 1993. Der in den Verhandlungen vom Frühjahr 1991 ursprünglich vereinbarte Pfad ist gestrichelt gezeichnet.

Quellen: Czech Statistical Office, Selected Economic and Social Indicators, Nr. 4/1993; Deutsche Bundesbank, Monatsberichte, August 1994, S. 92*; OECD Main Economic Indicators, Juli 1994; Sinn/Sinn (1993), S. 198f.; Statistisches Bundesamt, Fachserie 16, Reihen 2.1 und 5, verschiedene Jahrgänge; Statistisches Bundesamt/Zweigstelle Berlin, Abt. IX D, Datenreihen aus den osteuropäischen Reformstaaten.

Quelle: Sinn (1995: 31).

Materialien 9: Ostdeutsche Industrieunternehmen: Abkehr von der kollektiven Lohnfindung?

Ostdeutsche Industrieunternehmen nach ihrer Mitgliedschaft in einem tariffähigen Arbeitgeberverband und der Entlohnung ihrer Beschäftigten 1996[a]
- vorläufige Ergebnisse -

... vH der Unternehmen zahlen ...	Alle Unternehmen	Unternehmen, die ..		
		Mitglied in einem Arbeitgeberverband sind und ...		nicht Mitglieder in einem Unternehmensverband sind
		es bleiben wollen	an einen Austritt denken	
im wesentlichen Tariflöhne	52 (61)	81 (86)	73 (82)	43 (52)
in erheblichem Umfang Löhne über Tarif	5 (6)	7 (9)	5 (6)	5 (6)
in der Regel Löhne unter Tarif	42 (33)	12 (5)	22 (12)	52 (42)
Insgesamt	100	100	100	100

[a] Angaben in Klammern: Ergebnisse der Umfrage vom Frühjahr 1995.
Quelle: Befragungen des DIW vom Herbst 1996 und vom Frühjahr 1995

Quelle: DIW/IfW/IWH (1997: 17).

Materialien 10: Möglichkeiten ostdeutscher Tarifpolitik

Möglichkeiten der ostdeutschen Tarifpolitik zur Anpassung an produktivitätsgerechte Löhne

A	**Absenkung der *tariflichen* Lohnkosten**
1	Absenkung der tariflichen Lohnfestzuschläge (Weihnachtsgeld, Urlaubsgeld)
2	Einfrieren der tariflichen Lohnfestzuschläge für mehrere Jahre
3	Absenkung des tariflichen Lohnniveaus um einen bestimmten Prozentsatz
4	Einfrieren der Tariflöhne für mehrere Jahre ohne Inflationsausgleich
5	Einfrieren der Tariflöhne für mehrere Jahre mit Inflationsausgleich
6	Verlängerung der wöchentlichen Arbeitszeit um mehrere Stunden ohne Lohnausgleich
7	Absenkung der tariflichen Vergütung für Auszubildende um einen bestimmten Prozentsatz
8	Anhebung der Tariflöhne können in den nächsten Jahren mit übertariflichen Lohnzuschlägen verrechnet werden
9	Reduzierung von Überstundenzuschlägen
10	Bestimmungen, die eine Verbindung zu westdeutschen Tarifverträgen herstellen, werden beseitigt
11	Die sich als Normalarbeitszeit errechnende Jahresstudenzahl kann flexibel über das Jahr verteilt werden, wobei deutlich über dem Durchschnitt liegende Obergrenzen für die wöchentliche Arbeitszeit vereinbart werden. Im Rahmen dieser Obergrenzen entfallen Überstundenzuschläge
12	Kompensation von Krankheitstagen durch unbezahlte Überstunden
13	Reduzierung von Urlaubstagen

B	**Differenzierung der *tariflichen* Löhne nach der Leistungskraft der Unternehmen**
1	Öffnungsklauseln für Unternehmen in branchenunüblichen wirtschaftlichen Schwierigkeiten
2	Neu gegründete Unternehmen können die tariflichen Löhne für einen bestimmten Zeitraum um einen vorgegebenen Prozentsatz unterschreiten
3	Für Unternehmen, die einem Arbeitgeberverband beitreten, wird für die Angleichung der bisherigen, effektiv gezahlten Löhne an die Tariflöhne (sofern diese höher liegen) eine Übergangsfrist von mehreren Jahren eingeräumt
4	Aufteilung des Tariflohnes in eine Festkomponente und eine von der betrieblichen Ertragslage abhängige Komponente
5	Aufteilung des Tariflohnes im Unternehmen in eine Auszahlungskomponente und eine (un)verzinsliche Investivlohnkomponente

Quelle: Pohl/Schneider (1996: 7).

Materialien 11: Erwerbsbeteiligung in Ost- und Westdeutschland
– in Tsd. Inländerkonzept –

	Ostdeutschland			Westdeutschland		
	1995	1996[1]	1997[1]	1995	1996[1]	1997[1]
Erwerbsfähige[a]	10.666	10.720	10.777	45.216	45.358	45.482
Erwerbstätige im ersten Arbeitsmarkt	6.402	6.363	6.348	28.054	27.744	27.741
Arbeitslose	*1.047*	*1.175*	*1.200*	*2.565*	*2.762*	*2.795*
Arbeitslose nach § 105[b]	*32*	*35*	*35*	*59*	*62*	*60*
Ausfall durch Kurzarbeit in Vollzeitäquivalenten	*37*	*37*	*32*	*48*	*72*	*60*
Teilnehmer an Arbeitsbeschaffungsmaßnahmen	*312*	*280*	*250*	*72*	*77*	*80*
Teilnehmer an Maßnahmen zur Fortbildung und Umschulung in Vollzeitäquivalenten	*243*	*222*	*200*	*259*	*260*	*260*
Teilnehmer an Deutsch-Lehrgängen				*44*	*40*	*40*
Vorruheständler[c]	*377*	*215*	*95*	*148*	*135*	*120*
Unterbeschäftigung[d]	*2.048*	*1.964*	*1.812*	*3.195*	*3.408*	*3.415*
Bezieher von Erziehungsgeld mit vorangehender EW	37	38	38	310	300	285
Erwerbspersonenpotential ohne stille Reserve[e]	8.450	8.328	8.166	31.511	31.380	31.381
Auspendler	*432*	*432*	*432*	*191*	*191*	*191*
Einpendler	*104*	*104*	*104*	*556*	*565*	*565*
Erwerbsbeteiligungsquote (vH)[f]	79.2	77.7	75.8	69.7	69.2	69.0
Erwerbstätigenquote im ersten Arbeitsmarkt (vH)[g]	60.0	59.4	58.9	62.0	61.2	61.0
Erwerbstätigenquote insgesamt (vH)[h]	62.9	62.0	61.2	62.2	61.3	61.2
Unterbeschäftigungsquote (vH)[i]	24.2	23.6	22.2	10.1	10.9	10.9

Arbeitslosenanteil an der Unterbeschäftigung (vH)	52,7	61.6	68.2	82.1	82,9	83.6
Arbeitslosenquote (vH)[k]	13.8	15.4	15.8	8.5	9.2	9.3

a Wohnbevölkerung im Alter von 15 bis 65 Jahren
b ohne Arbeitslose nach § 105c
c einschließlich Arbeitslosen nach § 105c
d Summe aus den vorangestellten Kursivwerten
e da Kurzarbeiter bereits in der Zahl der Erwerbstätigen enthalten sind, ist der Arbeitsausfall durch Kurzarbeit in Vollzeitäquivalenten zu subtahieren, um eine Doppelzählung zu vermeiden
f Erwerbspersonenpotential ohne stille Reserve in Relation zu den Erwerbsfähigen
g Erwerbstätige im ersten Arbeitsmarkt in Relation zu den Erwerbsfähigen
h Erwerbstätige im ersten und im zweiten Arbeitsmarkt in Relation zu den Erwerbsfähigen
i Anteil der Unterbeschäftigung am Erwerbspersonenpersonal ohne stille Reserve
k Anteil der Arbeitslosen an der Gesamtheit von erwerbstätigen Inländern im ersten Arbeitsmarkt, Arbeitslosen und Personen in Arbeitsbeschaffungsmaßnahmen
1 IWH-Prognose

Quellen: Bundesanstalt für Arbeit; Statistisches Bundesamt; Berechnungen des IWH.

Quelle: Schneider (1996: 12).

Materialien 12: Kernelemente der wirtschaftlichen Transformation

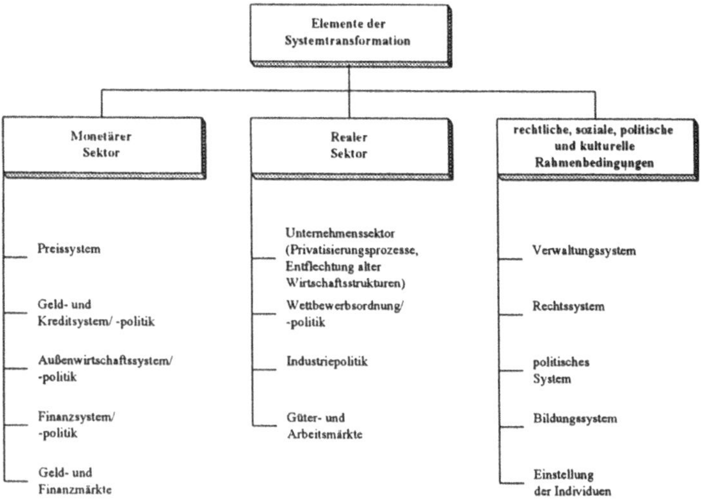

Quelle: Brezinski (1996: 133).

Materialien 13: Zeittafel Slowenien

April 1990	Erste demokratische post-kommunistische Wahl
März 1990	Privatisierungsagentur und Entwicklungsfonds werden gegründet.
26.12.1990	Referendum über die Unabhängigkeit Sloweniens erhält 90prozentige Zustimmung
01.01.1991	Steuerreform: Einführung der Einkommen- und Körperschaftsteuer, Vereinfachung der Umsatzsteuer
25.06.1991	Unabhängigkeitserklärung
27.06.1991	Zehntägige militärische Auseinandersetzung zwischen Slowenien und dem jugoslawischen Bundesstaat
07.07.1991	Abkommen von Brioni: Waffenstillstand, 3-monatige Verzögerung weiterer Schritte zur staatlichen Unabhängigkeit mit dem Ziel, weitere Verhandlungen zu ermöglichen
08.10.1991	Vollständige staatliche Unabhängigkeit Einführung des slowenischen Tolar (SIT)
Sept. 1991	Wirtschaftsembargo gegen das ehemalige Jugoslawien durch die EG
15.01.1992	Anerkennung durch die EG, 6 Monate später durch die UNO Rückwirkende Aufhebung des Embargos gegenüber allen ehemaligen Teilrepubliken mit Ausnahme Serbien-Montenegros
11.11.1992	Verabschiedung des Privatisierungsgesetzes, Beginn der Privatisierung 7 Monate später
Dez. 1992	Gesetz zur Umstrukturierung der unternehmerischen Eigentumsformen 1.345 Unternehmen in gesellschaftlichem Besitz erhalten die Form von Aktiengesellschaften
15.01.1993	IWF-Beitritt, einen Monat später Mitglied der Weltbank
05.04.1993	Handels- und Kooperationsabkommen mit der EG
Mai 1994	Gesetz über kollektive Lohnverhandlungen, erstes Lohnabkommen zwischen Regierung, Arbeitnehmern und Arbeitgebern, Steuer auf überhöhte Lohnsteigerungen
30.10.1994	Mitglied des GATT / der Welthandelsorganisation Ratifizierung der Uruguay-Runde
Mai 1995	Zweites Lohnabkommen zwischen Regierung, Arbeitnehmern und Arbeitgebern
Juni 1995	Übereinkunft mit dem Londoner Club privater Gläubigerbanken über den von Slowenien zu übernehmenden Teil der Auslandsschulden des ehemaligen Jugoslawiens (18 vH); Paraphierung eines Assoziierungsabkommens mit der EU
01.07.1995	Freihandelsabkommen mit den EFTA-Staaten
01.01.1996	Volles CEFTA-Mitglied (bisherige Mitglieder: Polen, Slowakei, Tschechien und Ungarn)
Dez. 1996	Anerkennung der Serbien und Montenegro umschließenden Föderativen Republik Jugoslawien

Quelle: Tober (1996: 51).

Materialien 14: Entwicklung der Industrieproduktion in Mittelosteuropa

Abbildung 1: **Die Entwicklung der Industrieproduktion (Verarbeitendes Gewerbe, Bergbau, Energie)**

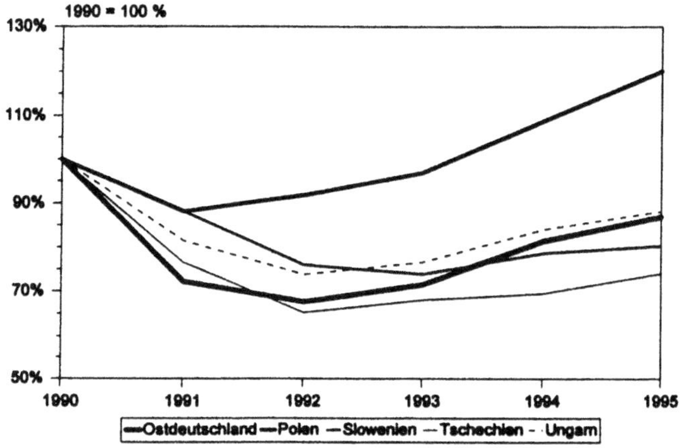

Quellen: **OECD 1994ff., Statistisches Bundesamt 1993ff.**

Quelle: Wiesenthal (1996: 14).

Materialien 15: Kaufkraft in Mittelosteuropa

Abbildung 1: Kaufkraft der Bürger in postkommunistischen Ländern (korrigiertes Bruttoinlandsprodukt [BIP] pro Kopf)

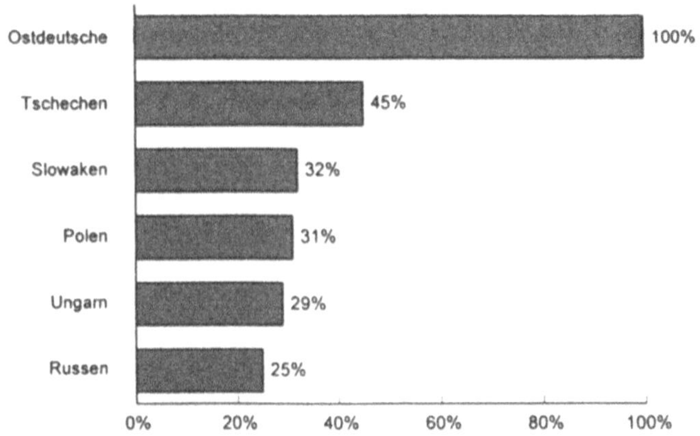

Quelle: Eurostat Luxembourg 1996

Quelle: Rose/Haerpfer (1996: 117).

Materialien 16: Arbeitslosigkeit in Mittelosteuropa

Abbildung 2: Die Entwicklung der Arbeitslosigkeit (Reale und prognostizierte Arbeitslosenquoten)

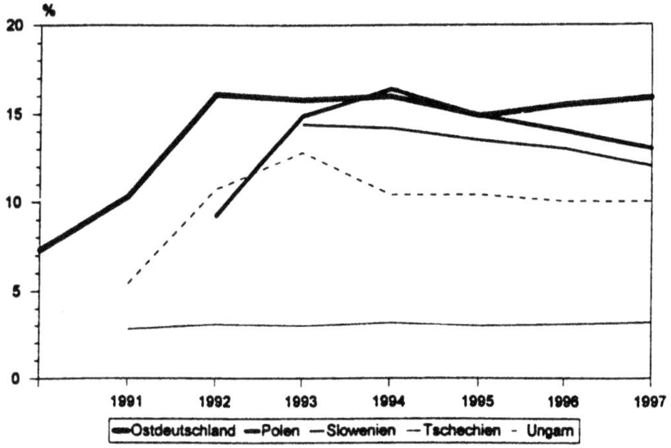

Quellen: OECD 1994ff. und 1996; Statistisches Bundesamt 1993ff., DIW 1996

Quelle: Wiesenthal (1996: 15).

Materialien 17: Inflation in Mittelosteuropa

Abbildung 3: **Die Entwicklung der Lebenshaltungskosten (Reale und prognostizierte Inflationsraten)**

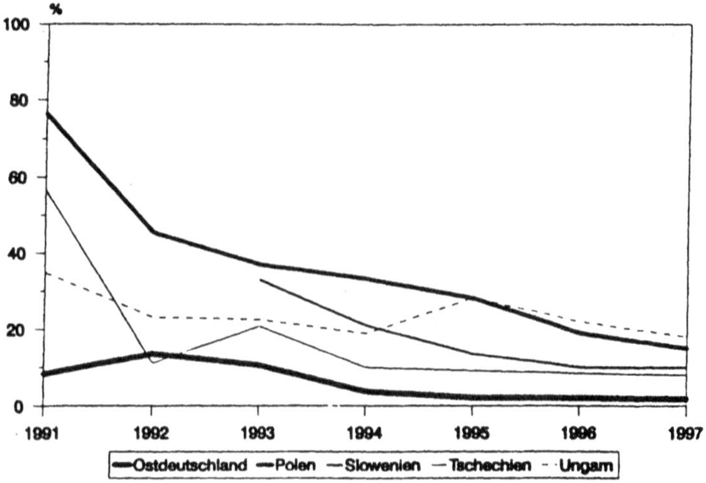

Quellen: **OECD 1994ff. und 1996; Statistisches Bundesamt 1993ff.**

Quelle: Wiesenthal (1996: 16).

Materialien 18: Handel der EU mit Mittelosteuropa

Handel der Europäischen Union[a] mit Polen, Ungarn, Tschechien und der Slowakei (CEFTA) in ausgewählten Produktgruppen nach der EU-Statistik
– in Mio. ECU –

	1990	1991	1992	1993	1994	1995
Gesamthandel der EU mit CEFTA						
Exporte der EU	9.876	15.174	18.472	22.073	26.707	32.991
Importe der EU	10.780	13.897	16.598	17.535	22.278	28.068
Saldo	-904	1.278	1.874	4.537	4.429	4.923
Landwirtschaftliche Produkte (EU-Nomenklatur Kapitel 1-24)						
Exporte	883	1.415	1.570	1.958	2.237	3.023
Importe	2.034	2.247	2.059	1.791	1.979	2.202
Saldo	-1.151	-832	-489	166	259	821
Textilwaren (Kapitel 50-63)						
Exporte	1.033	1.485	1.918	2.392	2.894	3.319
Importe	1.355	1.902	2.435	2.851	3.413	3.732
Saldo	-323	-417	-517	-459	-519	-413
Stahl- und Kohleerzeugnisse (Kapitel 72-73)						
Exporte	368	482	631	822	1.040	1.525
Importe	1.142	1.343	1.782	1.645	2.300	2.986
Saldo	-774	-861	-1.152	-823	-1.260	-1.460
Maschinen- und Transportausrüstungen (Kapitel 84-89)						
Exporte	3.918	6.336	7.507	8.723	10.672	13.613
Importe	1.437	2.112	2.835	3.695	4.965	7.501
Saldo	2.480	4.224	4.672	5.027	5.707	6.113

a EU (12)
Quelle: Eurostat.
Quelle: Gabrisch (1997a: 18).

Die Drohung mit der schwarzen Liste läßt viele weich werden

Immer mehr Beschäftigte in Nord- und Mittelhessen arbeiten länger, ohne eine Pfennig mehr zu bekommen Modell Viessmann macht Schule

Von Gesa Coordes

Das Modell des Heizungsbauers Viessmann macht Schule. Hauptsächlich in Nord- und Mittelhessen fordern immer mehr Betriebe ihre Beschäftigten zu unbezahlten Mehrarbeit auf. Dagegen ist der IG Metall im südhessischen Raum von solchen Fällen nichts bekannt.

Marburg. Seit Mai dieses Jahres arbeiten 96 Prozent der 3750 Beschäftigten des Heizkesselherstellers Viessmann in Allendorf-Eder (Kreis Waldeck-Frankenberg) wöchentlich drei Stunden länger ohne Lohnausgleich. Dafür garantiert der Firmenchef, daß ihnen in den nächsten drei Jahren nicht gekündigt und das geplante Werk im trschechischen Myto nicht gebaut werde.

IG Metall-Sekretär Walter Brück befürchtete schon damals einen „Flächenbrand“ durch ähnliche Initiativen. Tatsächlich hat das Allendorfer Beispiel inzwischen in den unterschiedlichstenen Varianten Nachahmer gefunden. So arbeiten über 90 Prozent der 170 Mitarbeiter des Filtersystem-Herstellers Faudi in Stadtallendorf (Kreis Marburg-Biedenkopf) seit 1. September drei Stunden länger, ohne eine Pfennig mehr Geld zu erhalten. Der Arbeitgeber bietet den Betroffenen dafür keinerlei Gegenleistungen – nicht einmal eine zeitlich befristete Arbeitsplatzgarantie. Gegen die seiner Auffassung nach „illegale Mehrarbeit“ hat der Betriebsrat jetzt Klage eingereicht.

Allein im Kreis Marburg-Biedenkopf leisten Hunderte von Menschen unbezahlte Überstunden. Nach der Zusammenfassung des IG Metall-Bevollmächtigten Julius Klausmann arbeitet die überwiegende Mehrheit der 300 Beschäftigten der Metallwaren-Fabrik Seidel in Marburg zweieinhalb Stunden länger. Ebensoviel Zusatzarbeit leiste die 280köpfige Belegschaft des Leiterplatinen-Herstellers Ruwel-Schoeller in Wetter. Bei der Kammgarn-Spinnerei Richter in Stadtallendorf, wo 300 Mitarbeiter beschäftigt sind, seien es zwei Stunden ohne Lohnausgleich. Und bei den Roth-Werken in Buchenau sei ebenfalls Mehrarbeit vorgesehen.

In Einzelverträgen ließ sich ein Großteil der Arbeitnehmer zu den kostenlosen Überstunden drängen. Klausmann berichtet, daß in manchen Betrieben mit Versetzungen in schlechter bezahlte Abteilungen, Streichungen von freiwilligen Zulagen und „schwarzen Listen“ gedroht worden sei, um die Mitarbeiter zum Unterschreiben zu bringen. Außerdem hätten die Menschen „Angst um den Arbeitsplatz in einer Form, wie sie noch nie dagewesen ist", ergänzt sein Kasseler Kollege Walter Brück. Für den nordhessischen Raum weiß er von mindestens einem Dutzend Firmen zu berichten, die das Viessmann-Modell in der einen oder anderen Variante vorbereiten.

Doch häufig werden den Gewerkschaften die Fälle nicht bekannt. In kleineren Betrieben ohne organisierten Betriebsrat, im Handel oder im Gaststätten- und Hotelgewerbe seien unbezahlte Überstunden vielerorts selbstverständlich, erzählt die DGB-Vorsitzende von Waldeck-Schwalm-Eder, Helga Figurewizc. Auch der Hauptgeschäftsführer der IHK Kassel, Walter Lohmeier, kennt zahlreiche kleinere und mittlere Betriebe, die nach ähnlichen Modellen arbeiten. Doch fast alle hätten Scheu vor Öffentlichkeit. Er meint: „Im Schatten der Veröffentlichungen können sie recht gut damit leben." Die betroffenen Firmen fürchteten sowohl rechtlich als auch Probleme mit den Tarifparteien, wenn diese Absprachen bekannt würden.

Für die unbezahlte Mehrarbeit garantierten die Firmenchefs in den meisten Fällen Arbeitsplatzsicherheit während der Laufzeit des Vertrages. Doch diese Vereinbarungen sind nach Einschätzung von Klausmann nicht wert. Sie könnten mit einer Frist oder bei wirtschaftlichen Schwierigkeiten des Betriebes wieder gekündigt werden.

Der Filterhersteller Faudi gibt seinen Beschäftigten überhaupt keine Gegenleistungen für die in Einzelverträgen geschlossene Vereinbarung, die bis Ende 1998 gilt. Geschäftsführer Reinhold Biecker begründet die Mehrbelastung seiner Mitarbeiter damit, daß der Betrieb zur Zeit umstrukturiert wird. Die Tochtergesellschaft des Stuttgarter Mahle-Konzerns verlegte seinen Firmensitz von Oberursel nach Stadtallendorf, wo sie zehn Millionen Mark investierte. Durch die unbezahlte Mehrarbeit könnte Faudi seine Produkte um zehn Prozent günstiger anbieten als die Konkurrenz. Biecker: „Sonst kriegen wir keine Aufträge mehr." Dagegen betont Klausmann: „Die haben keine ökonomischen Probleme".

Obgleich der Betriebsrat aus organisierten Metallern besteht – der Organisationsgrad in der Firma liegt bei über 80 Prozent – hatte die Arbeitnehmervertretung die Vereinbarung zunächst unterschrieben. Die Mitglieder, die dafür gestimmt hatten, traten jedoch kurz darauf zurück. Und der neu gebildete Betriebsrat der Firma klagt nun gegen die unbezahlte Mehrarbeit.

Quelle: Coordes (1996).

Materialien 20: Ausländische Direktinvestitionen in Ostmitteleuropa

Ausländische Direktinvestitionen (netto[a]) in ausgewählten Reformstaaten Mittel- und Osteuropas gemäß der nationalen Zahlungsbilanzstatistiken

– in Mio. US-Dollar, wenn nicht anders vermerkt –

Land bzw. Region	1990	1991	1992	1993	1994	1995[b]	Nettozuflüsse des Jahres 1995 pro Kopf der Bevölkerung (in US-Dollar)	Summe der Jahre 1990-1995
Insgesamt	*601*	*2.303*	*3.213*	*4.149*	*3.806*	*6.610*	*58*	*20.682*
Ostmitteleuropa	*597*	*2.210*	*2.951*	*3.681*	*2.737*	*5.525*	*83*	*17.701*
Polen	88	117	284	580	542	800	21	2.411
Tschechoslowakei	198	593	1.083	–	–	–		–
Slowakische Republik	–	–	–	144	169	175	33	688
Tschechische Republik	–	–	–	517	842	2.200	213	5.233
Ungarn	311	1.459	1.471	2.328	1.097	2.200	214	8.866
Slowenien	–	41	113	112	87	150	75	503
Südosteuropa	*4*	*93*	*151*	*238*	*596*	*690*	*18*	*1.772*
Albanien	–	–	20	48	54	70	21	192
Bulgarien	4	56	42	55	105	120	14	382
Kroation	–	–	16	40	98	120	25	274
Rumänien	–	37	73	95	339	380	17	924
Baltische Staaten	–	–	*111*	*230*	*473*	*395*	*51*	*1.209*
Estland	–	–	58	160	253	185	123	656
Lettland	–	–	43	39	187	150	58	419
Litauen	–	–	10	31	33	60	16	134

a Saldo der ausländischen Direktinvestitionen im Inland und der Direktinvestitionen durch Inländer im Ausland.

b Schätzung des IWH auf Basis der bis zum Herbst 1995 vorliegenden Zahlen.

Quellen: Nationale Statistiken; Weltbank; Internationaler Währungsfonds; World Debt Tables; United Nations Economic Commission for Europe; bfai-Info Osteuropa.

Qelle: Meißner (1996: 9).

Materialien 21: Deutsche Exporte nach Ostmitteleuropa

Deutsche Exporte nach Mittel- und Osteuropa[a]

	1990	1991	1992	1993	1994	1995	1996[b]
Deutschland							
in Mio. DM	53.269	37.436	37.312	42.660	48.111	54.864	62.000
Veränderungen gegenüber dem Vorjahr in vH	-0,4	-29,7	-0,3	14,3	12,8	14,0	13
Anteil am Gesamtexport Deutschlands in vH	7,8	5,6	5,6	6,7	7,0	7,5	8,2
westdeutsche Bundesländer							
in Mio. DM	23.458	26.013	30.127	36.406	43.099	49.934	56.500
Veränderung gegenüber dem Vorjahr in vH	-4,3	10,9	15,8	20,8	18,4	15,9	13
Anteil am Gesamtexport der westdeutschen BL in vH	3,6	4,0	4,6	6,1	6,4	7,0	7,6
ostdeutsche Bundesländer (einschließlich Berlin-Ost)							
in Mio. DM	29.811	11.423	7.185	6.254	5.012	4.930	5.500
Veränderung gegenüber dem Vorjahr in vH	2,9	-61,7	-38,7	-13,0	-19,9	-1,6	10
Anteil am Gesamtexport der ostdeutschen BL in vH	80,1	66,3	53,2	52,6	40,6	35,5	34,5

a einschließlich der GUS-Länder, ohne die Länder des ehemaligen Jugoslawien.

b Prognose des IWH

Quelle: Angaben des Statistischen Bundesamtes (für 1995 vorläufig), Berechnung des IWH.
Quelle: Werner (1996: 3).

Materialien 22: Anteil deutscher Exporte am Gesamtexport der EU nach Ostmitteleuropa

Anteil Deutschlands am Gesamtexport der Europäischen Union (12)
– in vH –

nach	1992	1993	1994	1/1995
Rußland[a]	43,0	52,4	45,9	42,4
Polen	50,5	50,8	49,7	53,3
Tschechien[b]	65,5	65,4	63,2	66,8
Slowakei[b]	–	59,6	59,1	65,2
Ungarn	57,4	54,0	53,9	59,6
Rumänien	34,9	40,6	39,4	43,2
Bulgarien	38,9	34,9	33,4	46,5

a bis 1993: ehem. Sowjetunion. – b 1992: ehem. Tschechoslowakei.

Quelle: Berechnungen des IWH auf der Grundlage von EUROSTAT-Daten

Quelle: Werner (1996: 6).

Materialien 23: Lohnveredelung in Ostmitteleuropa

Deutsche Einfuhren nach passiver Lohnveredelung
und deutsche Direktinvestitionen im Ausland im Vergleich
– in Mio. DM –

	1990	1991	1992	1993	1994
Welt					
Einfuhren nach Veredelung	6.879	9.234	9.642	10.132	–
Direktinvestitionen im Ausland (netto)a	38.700	39.300	30.500	24.100	23.800
Mittel- und Osteuropa[b]					
Einfuhren nach Veredelung	4.559	5.839	6.313	6.665	–
Direktinvestitionen	250	1.209	1.593	2.122	2.722

a Bruttoinvestitionen abzüglich Liquidationen; Transaktionsstatistik.

b einschließlich früheres Jugoslawien und frühere Sowjetunion

Quellen: Deutsche Bundesbank, Zahlungsbilanzstatistik, Juni 1995; Statistisches Bundesamt Wiesbaden, Fachserie 7, Reihe 1.
Quelle: Gabrisch (1995: 7).

Materialien 24: Das Gewicht der EU in der Welt

Die großen Drei

	Bevölkerung in Mio.	Arbeitslosenrate (OECD-Definition)	Erwerbsqoute in % der Bevölkerung zwischen 15-84	Anteil am OECD-BIP %	Anteil am Welthandel %	Exportanteil am BIP %	Währungsreserven Milliarden US-Dollar	Sitz der 100 größten Unternehmen	Marktkapitalisierung Milliarden DM (EWU*))
	1995	1996	1996	1996	1996	1996	1996	Anzahl	1997
USA	263	5,2	73	32,5	19,6	8,2	49,1	30	19 496
Japan	125	3,1	74	20,5	10,5	9,0	172,4	18	3 697
EU	370	10,6	61	38,3	20,9	10,2	349,8	39	4 859

*) voraussichtliche Teilnehmerländer der Europäischen Wirtschafts- und Währungsunion; einschließlich Großbritanniens, Schwedens, Dänemarks und Griechenlands beträgt die Marktkapitalisierung 9 352 Mrd. DM.

Quelle: UNCTAD, IMF, Eurostat, Federation of European Stock Exchanges

Materialien 25: Die größten Handelspartner Deutschlands in Mrd. DM

Abb. 3: Die größten Handelspartner Deutschlands 1995[1]
in Mrd. DM

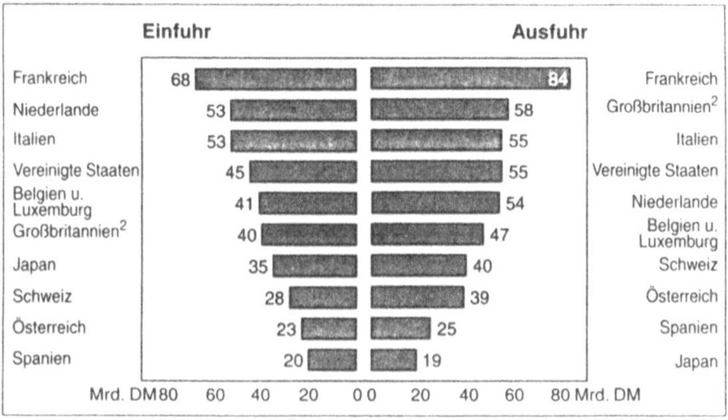

1 Vorläufiges Ergebnis.
2 Und Nordirland.

Quelle: Statistisches Bundesamt (1997: 267).

Materialien 26: Außenhandel Deutschlands nach Ländergruppen

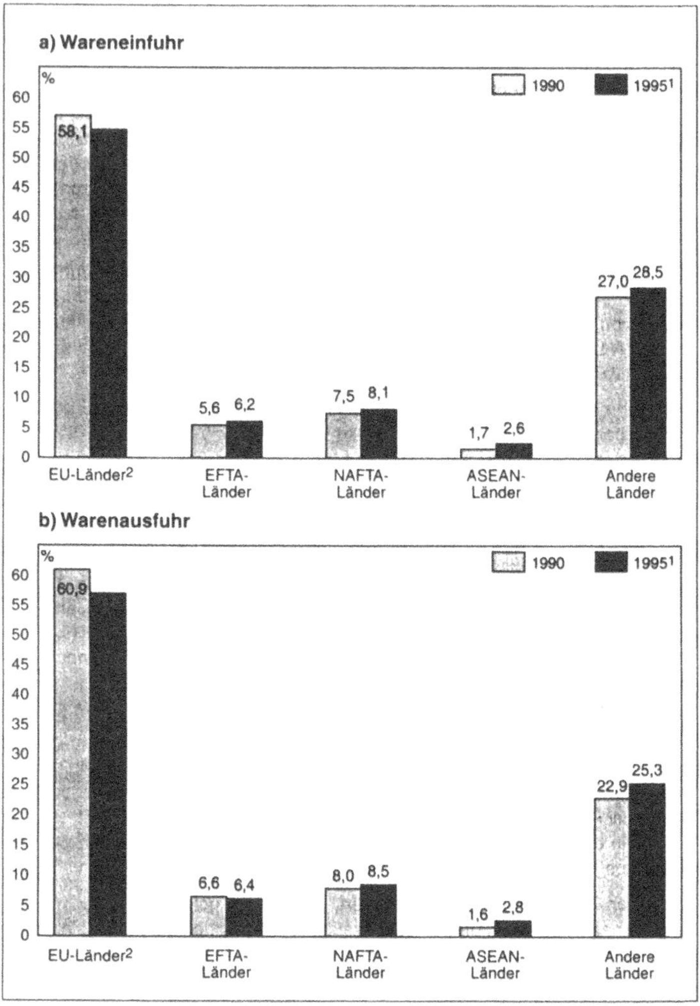

1 Vorläufiges Ergebnis.
2 Einschl. Angaben für Finnland, Österreich und Schweden, die seit dem 1. 1. 1995 Vollmitglieder der Europäischen Union sind.

Quelle: Statistisches Bundesamt (1997: 266).

Materialien 27: Prognose der EU für die Maastricht-Kriterien

Schwellenwert '97	2,58%	3,0%	60%	7,73%
	Inflation in %	Defizit in % des BIP	Schulden in % des BIP	Zinsen in %
Luxemburg	1,5	(0,5)	–	5,69
Irland	1,5	0,2	**67,5**	6,03
Niederlande	2,25	2,0	**71,9**	5,26
Dänemark	2,25	0,5	**63,1**	5,68
Frankreich	1,5	**3,1**	57,0	5,28
Deutschland	2,0	3,0	**60,7**	5,29
Finnland	1,0	1,3	59,4	5,54
Österreich	1,25	2,9	**65,5**	5,36
Belgien	1,75	2,5	**124,5**	5,42
Schweden	0,75	1,5	**76,7**	5,96
Großbritannien	**3,25**	2,3	53,8	6,38
Spanien	2.0	2,9	**69,8**	5,62
Portugal	2,5	2,9	**66,5**	5,64
Italien	2,0	3,0	**122,3**	5,73
Griechenland	**6,0**	**5,0**	**107,3**	**8,9**

Konvergenzkriterium nach der EWU-Vertrag erfüllen

Kriterium nicht erfüllt

Prognosen vom Dezember 1997
Quellen: OECD, RWI, Europäische Kommission

Materialien 28: Das Drei-Phasen-Modell des sozioökonomischen Übergangs

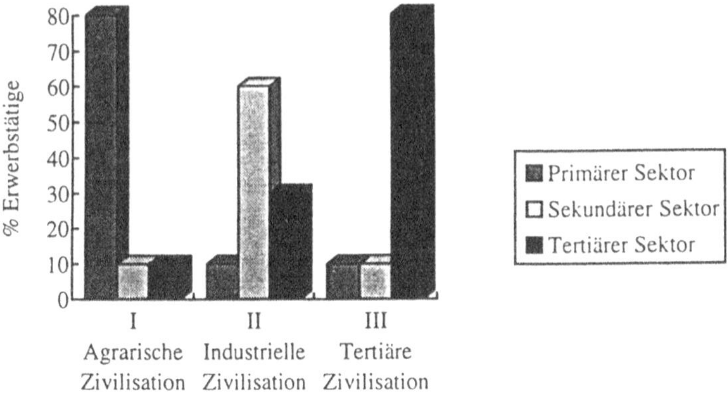

Quelle: Immerfall (1996: 64).

Materialien 29: Anteil des tertiären Sektors am Sozialprodukt

	1960	1970	1975	1980	1985	1987	1989	1994*
USA	59,7	63,1	64,0	64,4	67,8	70,1	73,1	80
Japan	48,2	48,8	54,5	56,3	57,9	59,0	59,3	
BR Deutschland	40,6	41,5	48,0	49,5	52,7	53,3	53,6	
Frankreich	.v.	48,2	51,7	57,0	60,8	62,8	63,8	
Großbritannien	45,7	46,8	52,8	50,5	52,9	55,1	n.v.	
Italien	44,0	47,9	51,6	53,5	58,7	59,9	60,1	
Kanada	48,4	50,2	52,2	52,9	54,2	55,0	n.v.	
Brasilien	42,7	47,3	46,4	48,0	50,5	53,4	66,5	
Spanien	38,0	45,3	47,8	55,9	60,8	59,5	n.v.	
Indien	27,9	30,2	32,2	32,4	34,7	35,6	35,9	
Niederlande	41,6	51,3	55,4	58,1	57,4	59,9	59,2	
Australien	42,2	61,2	59,6	59,3	62,6	65,6	66,3	
Iran	37,4	43,4	38,5	53,3	53,9	55,9	n.v.	
Schweden	n.v.	47,0	49,3	56,2	56,2	57,2	57,5	
Belgien	50,1	53,5	58,6	57,3	60.7	62.9	61,6	
Mexiko	55,9	56,3	56,8	60,2	58,7	56,4	60,9	
Südkorea	41,0	41,8	39,1	42,2	42,9	43,2	44,4	
Österreich	39,9	46,7	47,8	50,8	54,1	55,4	55,5	
Dänemark	45,8	51,6	57,4	56,6	57,6	57,9	59,8	
Ägypten	42,0	43,2	42,8	43,5	48,7	n.v.	n.v.	
Finnland	40,0	42,3	45,0	46,3	50,0	51,7	51,8	
Norwegen	53,0	52,7	51,6	49,0	47,6	54,1	55,6	
Argentinien	41,9	44,0	46,9	54,8	n.v.	n.v.	n.v.	
Welt (G-23)	52,3	53,6	55,7	56,7	60,6	6,5	64,0	68

Quelle: Menzel (1995: 31).

Materialien 30: Offenheitsgrad von Volkswirtschaften im Zeitverlauf

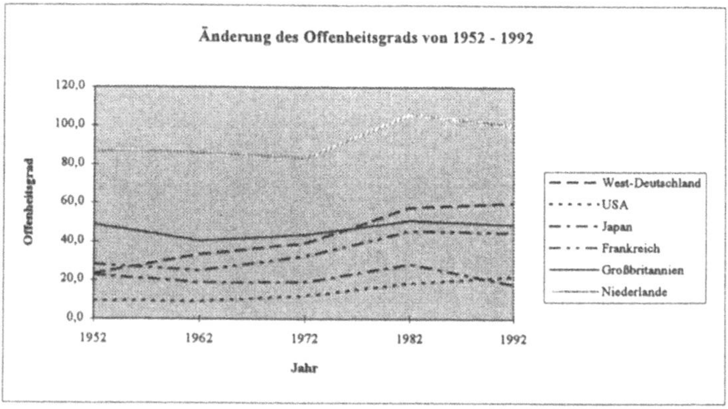

Quelle: Eigene Darstellung auf Grundlage der Penn World Tables (http://nber.harvard.edu/pwt56.html)

Materialien 31: Deutschlands wichtigste Exportgüter

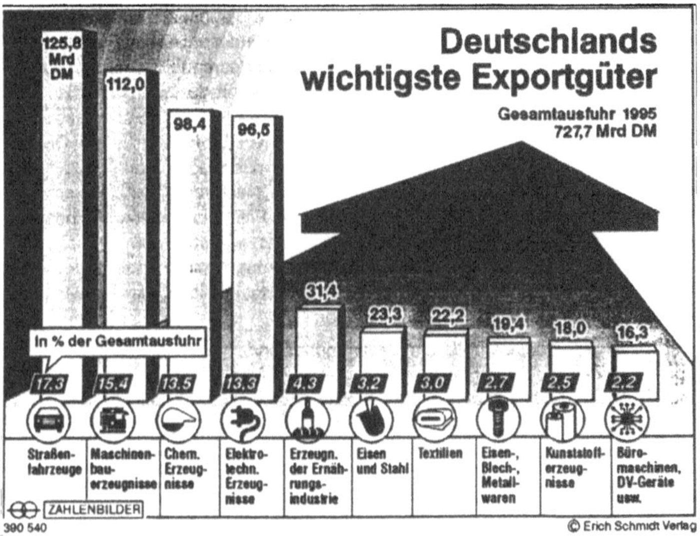

Quelle: Statistisches Bundesamt (1997: 268).

Materialien 32: Umsätze mit derivativen Elementen

ausgewiesen in Mrd. US-$ per Anno

	1988	1989	1990	1991	1992	1993
Börsengehandelte Instrumente	1306	1768	2292	3523	4642	7839
Zinsfutures	895	1201	1454	2157	2902	4960
Zinsoptionen	279	388	600	1073	1385	2362
Währungsfutures	12	16	16	18	25	30
Währungsoptionen	48	50	56	61	80	81
Aktienindexfutures	28	42	70	77	81	119
Aktienindexoptionen	44	72	96	137	168	286
Außerbörsliche Instrumente (OTC)	...	...	3450	4449	5346	...
Zinsswaps	1010	1503	2312	3065	3851	...
Währungsswaps	320	449	578	807	860	...
Sonst. swapbezogene Derivate	...	...	561	577	635	...

Quelle: Menzel (1995: 39).

Materialien 33: Deutsche Direktinvestitionen im Ausland (nach deutscher und ausländischen Zahlungsbilanzstatistiken)

– Diskrepanzen zwischen deutscher und ausländischer Zahlungsblianzstatistiken –
– Netto-Anlange, in Mrd DM –

Jahr	Deutsche Zahlungs-bilanzstatistik		Ausländische Zahlungsbilanz-statistiken
	Insgesamt	18 OECD-Länder (1)	18 OECD-Länder (1)
1984	13,5	9,4	5,0
1985	15,1	12,5	8,9
1986	21,9	19,4	9,1
1987	17,4	14,0	12,0
1988	21,2	18,3	9,2
1989	28,5	24,2	16,9
1990	38,7	32,1	16,5
1991	39,3	32,2	16,3
1992	30,5	25,0	18,3
1993	25,3	19,8	30,5
1994	27,0	19,2	23,4
1984/94	278,5	226,1	166,0

(1) Österreich, Australien (ab 1987), Belgien, Dänemark, Finnland, Frankreich; Italien; Irland; Japan; Norwegen (ab 1986); Niederlande; Portugal; Spanien; Schweden, Schweiz (ab 1993), Türkei, Großbritannien, Vereinigte Staaten

Quellen: Deutsche Bundesbank, OECD

Quelle: Jost (1997: 7).

Materialien 34: Deutsche Direktinvestitionen nach Ländergruppen in vH

	1985	1990	1993
alle Länder	100	100	100
EU- u. EFTA-Länder	48,3	59,1	59,5
USA	29,7	24,6	22,9
Japan	1,5	1,8	2,3
Entwicklungsländer	11,9	8,1	2,3
MOE	0,1	0,4	2,0

Quelle: Deutsche Bundesbank
Quelle: Haschke (1995: 11).

Materialien 35: Ausländische Direktinvestitionen in Deutschland (nach deutscher und ausländischen Zahlungsbilanz-statistiken)

– Diskrepanzen zwischen deutscher und ausländischen Zahlungsbilanzstatistiken –
– Netto-Anlagen, in Mrd DM –

Jahr	Deutsche Zahlungs-bilanzstatistik		Ausländische Zahlungsbilanz-statistiken
	Insgesamt	18 OECD-Länder (1)	18 OECD-Länder (1)
1984	1,5	0,8	2,8
1985	1,6	0,7	3,3
1986	2,5	2,5	4,7
1987	3,3	2,8	4,0
1988	2,0	0,6	1,3
1989	13,3	12,7	18,5
1990	4,0	2,9	26,1
1991	6,8	4,7	26,0
1992	4,2	5,6	18,3
1993	2,9	0,6	13,4
1994	1,1	0,9	18,9
1984/94	43,2	34,6	137,2

(1) Österreich, Australien, Belgien; Dänemark, Finnland, Frankreich, Italien, Japan, Norwegen (ab 1986); Niederlande, Neuseeland (ab 1991), Portugal (ab 1989), Spanien, Schweden, Schweiz (ab 1993), Türkei (ab 1989), Großbritannien, Vereinigte Staaten

Quellen: Deutsche Bundesbank, OECD

Quelle: Jost (1997: 5).

Materialien 36: Relative Attraktivität Deutschlands für Direktinvestitionen

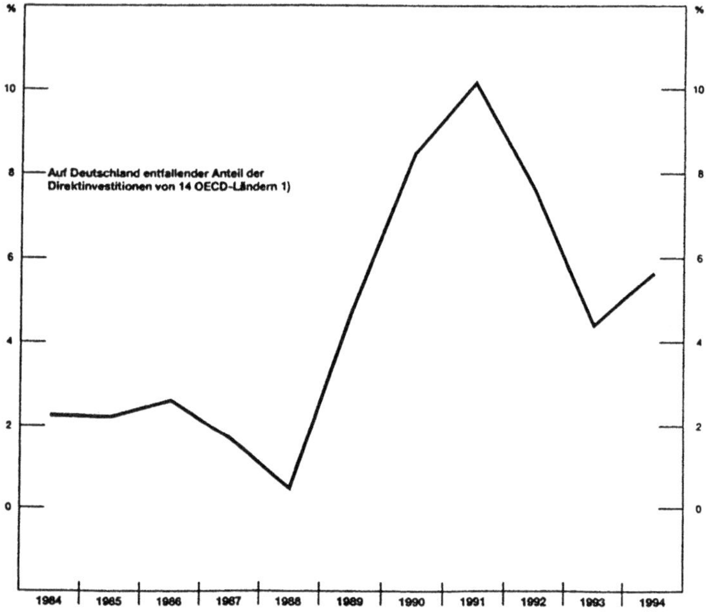

1) Australien, Österreich, Belgien, Dänemark, Finnland, Frankreich, Italien, Japan, Norwegen, Niederlande, Spanien, Schweden, Großbritannien, Vereinigte Staaten.

Quelle: Jost (1997: 20).

Materialien 37: Deutsche Direktinvestitionen im Ausland und ausländischer Bestand in Deutschland

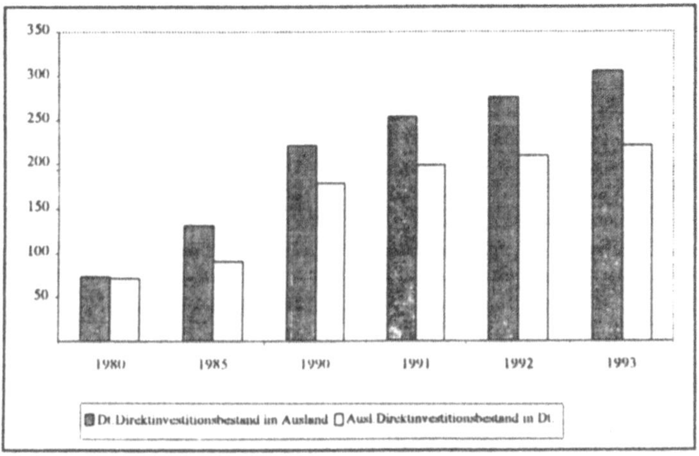

Quelle: Deutsche Bundesbank; Kapitalverflechtungmit dem Ausland 1984-1990, April 1992; Mai 1995; Krägenau, H., Internationale Direktinvestitionen, 1987.

Quelle: Haschke (1995: 10).

GPSR Compliance

The European Union's (EU) General Product Safety Regulation (GPSR) is a set of rules that requires consumer products to be safe and our obligations to ensure this.

If you have any concerns about our products, you can contact us on ProductSafety@springernature.com

In case Publisher is established outside the EU, the EU authorized representative is:

Springer Nature Customer Service Center GmbH
Europaplatz 3
69115 Heidelberg, Germany

Batch number: 10809464

Printed by Printforce, the Netherlands